AF282332

Wie die Alten schützten und heilten

Von Bannzeichen, Spiegeln und der Kraft der einfachen Dinge

Von derselben Autorin oder demselben Autor

KEINE PANIK ! Der ultimative Survival Guide durch das Midlife Universum

KEINE PANIK !Der ultmative Hitzewelle Surf-ival Guide durch das Menopause Universum

KEINE PANIK ! Der ultimative Survival Guide durch das Chaos Universum der Pubertät

STUPID by the Feed-die gefährliche Macht der sozialen Medien

Die Kunst sich selbst zu leben-vom Mut den eigenen Weg zu gehen

Psychotricks-Manipulation in Beziehungen und im Alltag erkennen und sich davor schützen

Energievampire unsichtbare Feinde der Seele-wie Du deine Lebensenergie zurückeroberst

Mensch 2.0 wie du mit Technologie in Einklang kommst ,ohne dich selbst zu verlieren

Workflow 2.0-effizienter arbeiten,smarter leben

Das kreative Chaos- wie ADHS dein größtes Talent sein kann

Mein wunderschöner energetischer Naturgarten-wie du mit Lakhovskis und Schaubergers Lehren deinen Garten in ein Paradies verwandelst

Pannonische Perspektiven- Geschichten aus Pannonia

Donaugeschichten-Ein Tag an der Donau vor 500 Jahren

Schachteln im Fluss-Geschichte eines Aufbruchs

Jenseits der Ketten-Altes Wissen, verbotene Pfade, lebendiges Feld

Gegen den Strich-ein Kompass für freie Geister

Mara von Eichen

Wie die Alten schützten und heilten

Von Bannzeichen, Spiegeln und der Kraft der einfachen Dinge

Mara von Eichen

Verlag: BoD · Books on Demand GmbH,
Überseering 33, 22297 Hamburg, bod@bod.de
Druck: Libri Plureos GmbH,
Friedensallee 273, 22763 Hamburg
*ISBN: **978-3-8192-1047-1***
© *Auflagen Mara von Eichen*

Mara von Eichen

Mara von Eichen lebt mit ihrer Familie in Südungarn und verbindet in ihren Werken Natur,Psychologie,Bewusstsein und kreative Ausdrucksformen. Als Autorin und Künstlerin betrachtet sie die Welt mit besonderer Sensibilität und Tiefgang. Ihre Sachbücher laden dazu ein, neue Perspektiven zu entdecken und die Verbindung zwischen Mensch und Natur bewusster wahrzunehmen. In der Ruhe der unberührten Landschaft findet sie Inspiration für ihre Arbeiten, die Verstand und Seele gleichermaßen ansprechen.

Für all jene,
die das Flüstern der Alten noch hören,
die die Kraft der einfachen Dinge achten,
die mit Herz, Hand und Atem wirken,
weil sie wissen:
Die Welt antwortet.

Inhaltsverzeichnis

Vorwort

Wie die Alten schützten und heilten

Von Bannzeichen, Spiegeln und der Kraft der einfachen Dinge

Es gibt Wissen, das man nicht erfindet. Wissen, das gewachsen ist, das sich aus Erfahrung geformt hat. Aus Beobachtung, aus dem Lauschen auf das, was wirkt — und auf das, was stört.

Bevor es Ärztehäuser, Antibiotika und Alarmanlagen gab, wussten die Menschen, wie sie sich schützen konnten. Sie kannten Zeichen, Worte, Gesten, Pflanzen, Metalle. Sie wussten um das richtige Wort zur richtigen Zeit, um den Bannkreis, den Salzstrich, um den Spiegel, der nicht nur das Gesicht zeigt, sondern auch das Fremde draußen hält.

Dieses Wissen war Teil des Alltags. Kein „Zauber", kein Spektakel, sondern oft leise, schlicht, selbstverständlich.

Ein Spruch, geflüstert am Abend. Drei Atemzüge auf die Wunde. Ein Faden, um den Schmerz zu binden. Ein Spiegel an der Tür, ein Zeichen im Balken, ein Zweig über dem Eingang.

Viele dieser Dinge sind heute verschwunden oder belächelt. Zu einfach, zu still, zu unmodern.

Doch das Feld erinnert. Die Alten wussten, was sie taten. Und das, was wirkt, bleibt.

Dieses Buch ist eine Einladung, sich daran zu erinnern. An die Zeichen, die Gesten, die Worte, die Materialien. An das alte Handwerk des Schutzes und der Heilung — ohne Kitsch, ohne Märchenstaub, aber mit Respekt und Achtung vor dem, was über Jahrhunderte getragen wurde.

Es ist kein Buch über große Rituale. Es ist ein Buch über die kleinen, wirksamen Dinge. Über Pusten, Spucken, Binden. Über Salz und Spiegel. Über Bannzeichen und Segenslinien. Über das, was hilft, das Fremde draußen zu halten und das Eigene zu stärken.

Und über die Frage, warum dieses Wissen fast verschwunden ist — und warum es gerade jetzt wieder zu uns zurückkehrt.

Einleitung

Das Feld, das wirkt

Alles hat ein Feld. Jeder Mensch, jedes Haus, jede Pflanze, jeder Stein. Ein Raum aus Information, Erinnerung, Schwingung.

Was wir tun, denken, sprechen, bleibt nicht folgenlos im Raum. Es wirkt. Es hinterlässt Spuren, Bahnen, Muster. So wie Wasser Wege gräbt. So wie ein Windhauch das Gras legt.

Früher wussten die Menschen das intuitiv. Sie haben keine Energiegesetze gebraucht, um zu verstehen, dass ein Spruch, eine Geste, ein Zeichen das Feld verändern kann. Dass Worte binden können. Dass Linien schützen. Dass bestimmte Materialien eine Grenze setzen oder reinigen.

Sie haben Zeichen an Hausbalken geritzt, Kreise mit Salz gestreut, Spiegel als Wächter über die Tür gehängt. Sie haben gewusst, welche Pflanzen das Haus schützen und welche Wege sie meiden sollten, wenn der Mond an einer bestimmten Stelle stand.

Dieses Wissen war einfach. Und genau deshalb so wirksam. Denn es arbeitete nicht mit Kraft, sondern mit Richtung. Nicht gegen etwas, sondern mit dem, was ohnehin fließt.

Dieses Buch will keine Esoterik verkaufen. Es will erinnern. Daran, wie das Feld webt. Daran, wie man mit dem Feld arbeitet, nicht gegen es. An die alten Wege des Schutzes und der Heilung — an das Wissen, das bleibt, wenn alles Moderne einmal ausgefallen ist.

An das, was die Alten schützte. Und an das, was auch uns heute noch schützt.

Teil 1

Die Dinge sprechen

Das Feld verstehen

Wie alles wirkt und warum es bleibt

„Nichts bleibt ohne Wirkung. Auch das, was nicht gesagt wird."

Alles, was lebt, webt ein Feld. Nicht nur Menschen, auch Pflanzen, Tiere, Steine, Häuser, Gegenstände. Ein Raum aus Schwingung, aus Information, aus Erinnerung. Ein Raum, der aufnimmt und abgibt, der trägt, was geschieht.

In der Sprache der modernen Physik könnte man sagen: Das, was wir „Materie" nennen, ist verdichtete Schwingung. Energie in Form gebracht. Information in Struktur gegossen. Doch die Alten hätten das einfacher gesagt:

„Alles hat seine Kraft. Und alles gibt ab."

Das, was wir heute „Feld" nennen, war ihnen kein Fremdwort, auch wenn sie es anders nannten. Sie wussten: Wo gestritten wird, wird die Luft „dick". Wo geliebt wird, ist der Raum warm. Wo Angst wohnt, fühlt man es im Rücken, auch wenn keiner spricht. Und dort, wo das Feld gestört ist, da schlägt Krankheit Wurzeln, da findet das Unheil seinen Weg.

Darum war es den Menschen früher so wichtig, Orte zu schützen, Räume zu reinigen, Felder zu hüten. Es war kein Luxus, es war Überleben.

Was das Feld prägt

Das Feld ist formbar. Es speichert nicht nur, es antwortet auch. Es trägt das, was hineinwirkt. Alles, was gesagt, getan, gedacht wird, hinterlässt Spuren darin – wie Wind auf Wasser, wie ein Fuß auf Sand.

Drei Dinge formen das Feld am stärksten:

Worte – gesprochen, geflüstert, geschrien, gesungen. Worte sind mehr als Schall. Sie sind Schlüssel. Wer spricht, gibt dem Feld Richtung. Wer schweigt, lässt es offen.

Gesten und Zeichen – die Hand, die streicht. Die Finger, die ein Zeichen formen. Der Strich am Türrahmen, das Quadrat auf der Schwelle. Formen ordnen das Feld. Sie lenken die Kraft, sie weisen den Weg – oder verbieten ihn.

Materialien – alles trägt seine eigene Kraft. Salz schützt. Spiegel wehren ab. Kupfer leitet, Eisen bindet. Pflanzen, Metalle, Steine – sie alle haben ihre Sprache. Die Alten wussten, was sie taten, wenn sie bestimmte Dinge an bestimmten Orten einsetzten.

Das Feld kennt keine Lüge

Man kann das Feld nicht täuschen. Worte, die ohne Herz gesagt werden, verpuffen. Zeichen, die ohne Absicht gesetzt werden, sind leer. Das Feld hört nicht nur das, was man sagt – es spürt, was man meint.

Darum war es immer wichtig, im Reinen zu sein, wenn man schützt, wenn man bannt, wenn man segnet.

Nicht die Formel wirkt. Die Absicht wirkt. Die Formel ist nur das Fahrzeug.

Warum einfache Dinge so kraftvoll sind

Ein   roter   Faden.
Ein   gesprochener   Spruch.
Ein   Hauch   über   eine   Wunde.
Salz vor der Tür.

So einfach, dass viele heute darüber lachen. Zu schlicht, um wichtig zu sein – glauben sie. Doch gerade in dieser Schlichtheit liegt die Kraft. Weil das Feld nicht von großen Gesten beeindruckt ist, sondern von Klarheit. Von Echtheit. Von Fokus.

Die Alten wussten: Ein gut gesetzter Bann ist kein Kunststück, sondern Handwerk. Ein gesprochener Segen ist kein Theater, sondern Hingabe. Und ein Kreis aus Salz ist nicht „nur ein Kreis" – es ist eine Grenze im Feld, gezogen aus Bewusstsein.

Wie das Feld heute noch antwortet

Wer aufmerksam durchs Leben geht, spürt es: Räume,   die   sich   schwer   anfühlen. Orte,   an   denen   „etwas   nicht   stimmt". Plätze, an denen man sich leicht und frei fühlt.

Das Feld webt weiter, ob wir es beachten oder nicht. Und es ist bereit, zu antworten, wenn wir uns wieder daran erinnern, wie man mit ihm spricht.

Dieses   Buch   will   genau   dazu   anregen.
Zu   lauschen.

Zu   sprechen.
Zu   setzen,   was   schützt.
Zu weben, was heilt.

Nicht mit großen Worten. Sondern mit den einfachen Dingen, die wirken.

Zeichen, Linien und Quadrate

Die Sprache der Formen

Nicht jedes Zeichen ist nur Dekoration. Nicht jede Linie nur ein Strich. In früheren Zeiten war klar: Formen wirken. Linien lenken. Quadrate binden. Ein einfach geritztes Kreuz am Türbalken, ein Ring aus Asche, ein Zeichen auf der Haut – das alles war nicht willkürlich, sondern gesetzt, um das Feld zu ordnen, zu leiten, zu schützen.

Die Alten wussten: Formen sind Wegweiser für die Kraft. Sie bündeln, sie lenken, sie halten ab. Ein Kreis ist nicht nur rund. Ein Kreis schließt ein, schließt aus, grenzt ab. Ein Quadrat bindet. Ein Strich weist den Weg. Eine Spirale lädt ein, hält die Dinge in Bewegung, ohne sie ausufern zu lassen.

Das, was wir heute oft als „Muster" abtun, war in vielen Kulturen Schutz, Bitte, Ordnung. Nicht zum Anschauen gemacht, sondern zum Wirken.

Die Linie als Grenze und Weg

Eine Linie kann trennen. Eine Linie kann führen. Die Alten zogen Kreise aus Salz, ritzten Linien in Holz, banden Fäden zu Ringen. Eine Linie ist nicht neutral. Sie setzt eine Aussage. Sie sagt: Hier beginnt etwas. Hier hört etwas auf. Hier darf etwas hinein. Hier nicht.

Der Kreis als Linie ohne Anfang und Ende stand für das Ganze, das Geschützte, das Eingeschlossene. Der Strich als klare Richtung: Geh dorthin, aber nicht hierher. Zwei gekreuzte Linien: „Stopp." Ein Quadrat: „Bleib hier." Ein Stern: Bewegung und Ordnung zugleich.

Nicht das Material allein macht es wirksam, sondern die Form und die Absicht dahinter.

Bannzeichen und ihre Sprache

Bannzeichen waren oft einfache geometrische Figuren. Kreuze, Rauten, Spiralen, Haken, Quadrate. Es ging nicht um komplizierte Symbole oder „geheimes Wissen", sondern um klare Formgebung.

Ein Zeichen, das binden soll, ist meist geschlossen. Ein Zeichen, das abwehren soll, ist oft kantig, spitz, bricht die Linie des Fremden. Ein Zeichen, das einlädt, öffnet die Form, lässt Durchgang.

Viele alte Hausmarken, die man noch auf Balken und Türstürzen alter Häuser findet, sind solche Bannzeichen: Rauten mit Punkten, Kreuze in Kästen, Spiralen. Manchmal nur ein einziger Strich an der richtigen Stelle.

Und es war dabei nie egal, wo ein Zeichen gesetzt wurde. Über der Tür. Unter dem Fenster. An der Schwelle. Denn dort, an diesen Übergängen, ist das Feld offen, dort wandert das Fremde ein, dort braucht es Klarheit.

Das Quadrat als Bann und Bindung

Das Quadrat ist vielleicht eines der ältesten und wirksamsten Zeichen der Bindung. Vier Ecken. Vier Seiten. Stabilität. Halt. Keine Fluchtmöglichkeiten. Eine Form, die sagt: „Hier bleibst du. Hier hältst du inne.“

Das Sator-Quadrat, eines der bekanntesten Bannzeichen, nutzt diese Form. Fünf Worte, die sich rückwärts und vorwärts lesen lassen, ein Text, der sich selbst bindet, sich selbst hält, sich selbst schützt.

Das Quadrat wirkt nicht durch Geheimnisse oder verborgene Magie, sondern weil es mit seiner klaren Form Ordnung schafft. Es ist wirksam, weil es das Feld ordnet. Weil es die Kräfte so setzt, dass sie sich nicht verlaufen. Weil es bindet, was gebunden werden muss.

Wellenlinien und Zickzacklinien – Schutz vor unsichtbaren Störungen

Neben geraden Linien und klaren geometrischen Formen spielten Wellen- und Zickzacklinien in der alten Schutzkunst eine wichtige Rolle. Gerade dort, wo das Feld durch unsichtbare Kräfte – beispielsweise

Wasseradern oder Erdstrahlen – gestört wurde, nutzten die Alten häufig diese besonderen Linien.

Wellenlinien symbolisieren fließende Energie, Bewegung und Veränderung. Sie wurden oft genutzt, um störende Kräfte wie Wasseradern zu lenken und umzuleiten. Eine Wellenlinie, gezogen auf einem Türbalken oder auf dem Boden, wurde so gesetzt, dass sie die Energie der Wasserader nicht ins Haus ließ, sondern sanft umlenkte.

Zickzacklinien hingegen brechen Energien auf. Sie stehen für das Zerschneiden und Zerstreuen unerwünschter Kräfte. Ein Zickzackmuster auf einer Schwelle oder einem Fußboden schneidet energetisch durch Störungen hindurch und verhindert, dass sich negative Einflüsse festsetzen.

Diese Linienformen wurden gezielt verwendet:

- **Wellenlinien** umleiten und harmonisieren.
- **Zickzacklinien** zerbrechen und lösen.

Es war eine Kunst, genau zu erkennen, welche Linie gebraucht wurde. Die Alten wussten intuitiv, ob es besser war, Energien sanft umzulenken oder gezielt zu zerschneiden.

Zackenlinien und gezahnte Muster – energetische Abwehr

Auch gezahnte Linien und Zackenlinien fanden als kraftvolle Schutzzeichen Verwendung. Sie ähneln einer Art energetischem Stacheldraht und wurden an besonders sensiblen Stellen angebracht, um negative Energien oder störende Wesenheiten abzuwehren.

Zackenlinien wirken wie eine Barriere. Sie sind hart, spitz und deutlich. Energetisch betrachtet erzeugen sie eine klare und deutliche Abwehrhaltung gegenüber unerwünschten Einflüssen.

Form, Feld und Absicht

Jede Form spricht. Aber sie spricht nicht allein. Die Form ist das Werkzeug, die Absicht ist die Hand, die es führt.

Ein Kreuz ohne Absicht ist nur ein Strich. Ein Quadrat ohne Fokus ist nur Geometrie. Eine Wellenlinie ohne bewusstes Lenken ist nur eine Welle. Erst das bewusste Setzen, das klare Wollen, macht aus Formen Werkzeuge im Feld.

Deshalb war es nie egal, wer ein Zeichen setzte. Es war nie egal, wie es gesetzt wurde. Und es war nie egal, wann es gesetzt wurde. Mit welchem Atem. Mit welcher Haltung. Mit welcher Absicht.

Denn das Feld kennt keine Lüge.

Die Sprache der Formen verstehen lernen

Dieses Kapitel will keine Anleitungen für komplizierte Symbole geben. Es will erinnern an das, was klar und einfach ist:

- Linien trennen, lenken, verbinden.
- Quadrate binden, stabilisieren.
- Kreise schützen, halten, einschließen.
- Sterne ordnen, bewegen, leiten.
- Spiralen öffnen, führen, in Bewegung halten.
- Wellenlinien lenken und harmonisieren Energien.
- Zickzacklinien brechen und zerstreuen störende Kräfte.
- Zackenlinien setzen klare energetische Barrieren.

Formen sind alte Sprachen. Sie sind Werkzeuge, keine Dekoration. Sie sind Setzungen im Feld. Und wenn wir wieder lernen, sie zu setzen, erinnern wir uns auch daran, wie viel Kraft in den einfachen Dingen liegt.

Spiegel, Salz und Schwelle

Die Kunst des Bannens und des Schutzes

Es braucht keine Waffen, um sich zu schützen.
Keine Rüstungen aus Eisen, keine Mauern aus Stein.
Manchmal reichen ein Handspiegel, eine Prise Salz,
ein gut gezogener Strich vor der Tür.

Die Alten kannten die Kunst, das Eigene zu bewahren und das Fremde draußen zu halten. Nicht durch Gewalt, sondern durch Klarheit, Zeichen, Material und Absicht. Und vor allem: durch das Verstehen der Übergänge. Denn immer dort, wo etwas übergeht – von innen nach außen, von bekannt zu unbekannt, von hier nach dort –, dort ist das Feld offen. Dort braucht es Schutz.

Nicht alles, was kommt, meint es gut. Und nicht alles, was bleibt, gehört zu uns. Schutz ist kein Angstkonzept. Schutz ist Ordnung. Schutz ist: dem Raum sagen, was er will – und was nicht.

Die Schwelle – Wo das Fremde eintritt

Schwellen sind die sensibelsten Punkte eines Hauses, eines Feldes, eines Körpers. Die Tür. Das Fenster. Der Übergang zwischen Raum und Raum. Dort kommt das Fremde. Dort geht das Eigene hinaus.

Schutz beginnt an der Schwelle.

Darum finden wir in alten Häusern so oft Zeichen über den Türen, an den Türpfosten, auf den Schwellenbalken. Kreuze, Quadrate, Runen, Spiralen. Dort hängten die Menschen Spiegel, dort banden sie rote Fäden, dort streuten sie Salz. Alles, was an der Schwelle passiert, entscheidet darüber, was hereinkommt – und was draußen bleibt.

Die Schwelle ist kein Ort der Angst. Die Schwelle ist der Ort der Entscheidung.

Salz – das alte Schutzmittel

Salz schützt. Schon immer. Nicht, weil es geheimnisvoll wäre, sondern weil es schlicht und klar ist. Salz bindet. Salz klärt. Salz ordnet das Feld. Es saugt das Überflüssige, es neutralisiert das Chaotische, es setzt eine Grenze, die auch das Unsichtbare versteht.

Eine Prise Salz vor der Tür. Ein Ring aus Salz um das Lager des Kranken. Salz in den Ecken, wenn Streit im Haus war. Salz ins Wasser, wenn das Feld rein werden sollte.

Es war kein Aberglaube. Es war Erfahrung.

Das Feld reagiert auf Ordnung. Und Salz ist Ordnung in Reinform.

Der Spiegel als Wächter

Ein Spiegel zeigt nicht nur das Gesicht. Ein Spiegel ist auch Wächter. Er spiegelt nicht nur zurück – er wirft auch ab. Das, was nicht eingeladen ist, was nicht gehört, was nicht mit gutem Willen kommt, wird von ihm zurückgeschickt. Deshalb finden sich auch in anderen Kulturen Spiegel als Schutzmittel: kleine runde

Spiegel an Kinderkleidung, amulette Spiegel an Türen, glänzende Flächen an Masken.

Im chinesischen Feng Shui hängt man Spiegel über der Tür, um „Sha Chi", also das schädliche, krumme Qi, abzulenken. In Afrika tragen manche Masken Spiegelflächen, um böse Geister zurückzuwerfen. Und auch in Europa waren Spiegel oft Teil des Schutzwissens: mit dem Gesicht nach außen über der Tür, als Bann gegen den bösen Blick, gegen Neid, gegen das, was stören will.

Ein Spiegel ist Grenze und Antwort zugleich.

Pusten, Spucken, Bannkreis – Schutz mit dem Körper

Es braucht keine großen Werkzeuge, um zu schützen. Der Atem reicht. Der Hauch reicht. Ein Spruch, gepustet auf die Wunde. Dreimal gespuckt auf den Boden, um das Böse abzuwenden. Ein Kreis gezogen mit dem Finger, ein Strich mit dem Fuß.

Besprechen. Pusten. Binden. All das sind Handlungen, die das Feld setzen. Die Ordnung schaffen, wo Chaos sich einschleichen will. Die sagen: Bis hierher. Nicht weiter.

Und auch das war nie Theater. Nie „Magie". Es war Praxis. Alltag. Handwerk.

Das Fremde draußen lassen – das Eigene stärken

Schutz ist nicht Angriff. Schutz ist auch kein Misstrauen. Schutz ist das, was dem Raum sagt, was er will. Und was er nicht duldet.

Ein Salzstrich vor der Tür sagt: „Was nicht zu mir gehört, bleibt draußen." Ein Spiegel über dem Eingang sagt: „Was sich nicht zeigt, hat hier keinen Platz." Ein Bannzeichen an der Schwelle sagt: „Ich habe entschieden."

Schutz ist nichts, was man einmal setzt und dann vergisst. Schutz ist Pflege. Wie das Kehren des Bodens. Wie das Lüften des Zimmers. Wie das Nachziehen der Tür.

Die Rückkehr der Schutzkunst

Heute, in einer Welt, die so viel Lärm macht um „Sicherheit", aber oft vergisst, das Feld zu ordnen, erinnern sich immer mehr Menschen an diese einfachen Dinge.

Ein roter Faden. Ein bisschen Salz. Ein Zeichen an der Tür. Ein Wort zur rechten Zeit. Ein Spiegel, der wachen darf.

Es braucht nicht viel. Aber es braucht Aufmerksamkeit.

Dieses Kapitel ist eine Einladung, wieder hinzuschauen. Zu spüren: Wo sind meine Schwellen? Wo ist mein Schutz? Und: Was möchte ich eigentlich einladen – und was nicht?

Denn das Feld fragt nicht, ob wir daran glauben. Es antwortet einfach.

Worte, die binden

Besprechen, Pusten und das Bannwort

Es gibt Worte, die heilen. Und es gibt Worte, die binden. Worte, die setzen. Worte, die schützen. Und manchmal reicht es, sie zu flüstern. Manchmal reicht es, sie zu hauchen. Manchmal muss man sie mit dem Atem in die Welt schicken, manchmal muss man sie spucken.

Das sogenannte „Besprechen" – das Heilen mit Worten – ist in vielen Regionen bis heute bekannt. Man nennt es auch „Abbeten", „Segnen", „Raten" oder „Wegsprechen". Es ist kein großes Ritual. Es ist das, was getan wird, wenn jemand „Pusten" kann. Wenn jemand einen Spruch kennt, der die Gürtelrose bindet, der Warzen löst, der das Fieber senkt.

Es geht nicht um Magie im Sinne von Zauberei. Es geht um das Wissen, dass Worte das Feld setzen. Dass ein gut gesetztes Wort wirkt. Weil das Feld hört, was gemeint ist. Weil der Ton, die Geste, der Atem, die Absicht eine Ordnung schaffen, die das Unordentliche zur Ruhe bringt.

Das Besprechen – leise und wirksam

Besprechen ist keine Show. Es ist leise. Es ist einfach. Die Alten sprachen ihre Sätze oft so, dass niemand sie hörte. Sie wandten sich leicht ab, murmelten, hauchten, pusteten.

Ein Beispiel für alte Gürtelrose-Sprüche:

„Dreimal sag ich's, dreimal sollst du weichen."
„Was zu dir nicht gehört, das soll von dir gehen." „Ich puste es fort, ich binde es ab, es weicht."

Manchmal wurde dreimal gesprochen, manchmal bei abnehmendem Mond, oft wurde dabei über die betroffene Stelle gestrichen oder gepustet.

Diese Sprüche waren kein Aberglaube. Sie waren Erfahrung. Sie waren gelebte Praxis. Überliefert von Mund zu Mund, von Hand zu Hand, oft nur im Vertrauen weitergegeben – und fast immer über das andere Geschlecht: von Frau zu Mann, von Mann zu Frau. Denn es hieß, die Gabe müsse so weiterwandern, um ihre Kraft zu behalten.

Das Pusten – der Atem als Träger der Kraft

Pusten ist kein Kinderkram. Pusten ist die einfachste Form, das Eigene in die Welt zu schicken. Der eigene Atem trägt den Bann, trägt den Segen, trägt das Wort hinaus ins Feld.

Dreimal pusten. Von links nach rechts. Über das kranke Bein. Über den Stich. Über das verletzte Kind.

Der Atem ist das, was uns belebt. Was innen ist, geht nach außen. Und weil der Atem unser eigenes Feld in Bewegung bringt, kann er auch das Fremde berühren, dass sich ins Feld eines anderen gesetzt hat.

Manche sagten: „Pusten bindet das Böse." Andere sagten: „Pusten schickt es fort." Beides stimmt. Es kommt darauf an, wie man pustet. Und warum.

Das Bannwort – keine Formel, sondern Haltung

Nicht der Wortlaut allein macht das Besprechen wirksam. Es ist das, was dahintersteht. Die Haltung. Die Absicht. Die Sammlung.

Viele alte Bannworte klingen heute schlicht. Sie sind es auch. Kein Theater, kein Tamtam. Oft nicht mehr als: „Ich binde dich. Du gehst." Oder: „Dreimal sag ich's, dreimal sollst du weichen." Oder: „Was nicht zu dir gehört, das soll vergehen."

Die Alten wussten: Das Feld hört keine Lüge. Ein Spruch, der nur gesagt, aber nicht gemeint ist, bleibt leer.

Darum ist es auch keine Frage, ob man „den richtigen Satz" kennt. Die Kunst ist, das Wort zu finden, das aus dem Herzen kommt, das klar ist, das gesetzt ist. Und es dann mit dem Atem, dem Hauch, dem Blick, der Geste in die Welt zu geben.

Die Kraft der Wiederholung und der Zahl

Dreimal. Neunmal. Siebenmal. Immer wieder finden wir in alten Überlieferungen bestimmte Zahlen als Träger der Kraft. Drei: der kleinste Kreis, der Anfang, die Richtung. Neun: die dreifache Drei, die Vollendung. Sieben: das Maß der Ordnung.

Wiederholung ist kein Zufall. Wiederholung setzt. Wiederholung bindet. Wiederholung ordnet.

Einmal sagen ist Bitte. Dreimal sagen ist Setzung.

Besprechen, Pusten, Segnen – Alltagskunst, kein Geheimnis

Wer das Wort setzt, wer den Atem schickt, wer die Hand führt, der arbeitet mit dem Feld. Kein großes Geheimnis, keine Zauberei. Sondern Handwerk, Hingabe, Aufmerksamkeit.

Ein Kind, dem man einen Spruch sagt, während man es hält. Eine Wunde, die man pustend bespricht. Ein Kranker, über den man leise spricht, während man das Fenster öffnet.

Es sind die einfachen Dinge, die bleiben.

Und es sind die einfachen Dinge, die wirken.

Blut, Haar, Nägel und Hauch

Wenn das Eigene Kraft trägt

Ein Mensch ist nicht nur Körper. Ein Mensch ist auch Atem, Blut, Haar, Haut, Speichel, Nagel, Wort. Und alles, was aus dem eigenen Leib kommt, trägt das eigene Feld, die eigene Information, die eigene Kraft.

Die Alten wussten: Wo das Eigene ist, da ist auch der Zugang zum Menschen. Wer an das Haar kommt, an das abgeschnittene Stück Nagel, an das verlorene Blut, der hat etwas von der Verbindung. Und wo diese Dinge unbedacht weggegeben oder liegen gelassen werden, da öffnen sich Wege.

Nicht aus Angst, sondern aus Bewusstsein heraus sammelten viele Menschen früher ihre Haare nach dem Kämmen. Fingernägel wurden nicht einfach fortgeworfen, sondern verbrannt oder in fließendes Wasser gegeben. Auch das erste Blut eines jungen Mädchens wurde achtsam behandelt. Der Atem eines Menschen wurde als Träger von Lebenskraft verstanden – nicht umsonst pustet man beim Besprechen, nicht umsonst haucht man über die Stirn des Kindes.

Das eigene Material als Verbindung zum Feld

Wenn etwas aus uns kommt, dann ist es nicht einfach „Abfall". Es ist Träger von Information, von Kraft. Auch wenn das Haar abgeschnitten ist, bleibt die

Verbindung zum Ganzen. Auch wenn der Nagel fort ist, bleibt sein Abdruck im Feld.

Blut, Haar, Nägel, Speichel, Atem – all das sind mehr als nur Körperteile oder Flüssigkeiten. Sie sind Ankerpunkte des eigenen Feldes. Sie enthalten das, was wir sind. Und sie können Wege öffnen – oder schließen.

Deshalb war es früher wichtig, Haare nicht achtlos zu entsorgen. Fingernägel nicht einfach ins Feuer zu werfen, ohne Absicht. Alles, was von einem stammt, wurde achtsam behandelt.

Wer das Haar eines anderen hat, kann darüber wirken. Wer das Blut hat, hat Zugang. Wer den Atem eines anderen bindet, kann ihn fesseln – oder befreien.

Das war kein Aberglaube. Es war das Wissen darum, dass nichts einfach „weg" ist. Und dass jedes Stück Verbindung trägt.

Verbrennen, versenken, verstreuen – alte Wege des Umgangs

Vieles, was vom eigenen Leib kam, wurde früher verbrannt. Das Feuer bindet. Das Feuer wandelt. Es schließt den Kreis. Was verbrannt ist, geht nicht mehr in fremde Hände.

Andere gaben Haare und Nägel dem Wasser. Fließendes Wasser nimmt mit, was losgelassen werden soll. Auch das ist Ordnung. Auch das ist Schutz.

Wieder andere vergruben diese Dinge – tief in der Erde, wo sie nicht gefunden werden. Der Boden nimmt auf. Der Boden hütet.

Was nicht bleiben soll, was nicht als Pfad für andere offenbleiben soll, wurde nicht einfach dem Zufall überlassen. Es wurde in das große Gefüge zurückgegeben – aber bewusst.

Der Atem – Bindung und Lösung zugleich

Der Hauch ist das, was uns belebt. Der Atem ist das, was innen ist und außen wird. Darum ist der Atem auch Träger der Kraft. Darum wird gepustet. Darum wird gehaucht. Darum wird der Spruch mit dem Atem getragen.

Der Atem kann binden. Und der Atem kann lösen.

Dreimal hauchen über die schmerzende Stelle. Dreimal pusten, um das Böse fortzuschicken. Der eigene Hauch setzt. Der eigene Hauch bringt Ordnung.

Der Atem ist das, was aus uns kommt – und das, was das Feld bewegt.

Warum das Wissen um das Eigene fast verloren ging

In einer Zeit, in der alles als „Körpermaterial" betrachtet wird, gerät leicht in Vergessenheit, dass das Eigene eine Verbindung trägt. Haare, Blut, Nägel – das sind keine leblosen Dinge. Sie sind Teile des Ganzen. Sie sind Brücken.

Früher wussten die Menschen das. Sie gaben es weiter. Still, von Hand zu Hand. Von Generation zu Generation. Nicht als Zaubertrick, sondern als Achtung vor dem Eigenen.

Dieses Kapitel ist Erinnerung an diese Achtung. An das Wissen, das im Alltag lebte. Und an die Verantwortung, die das Eigene mit sich bringt.

Denn was wir hinterlassen, bleibt. Und was bleibt, wirkt.

Teil 2

Werkzeuge und Wege

Faden, Knoten und Bindung

Wie das Binden im Feld wirkt

Ein Knoten ist mehr als nur eine Verbindung aus Schnur. Ein Knoten bindet nicht nur Material, sondern auch Weg, Absicht, Kraft. Ein Faden ist nicht nur Wolle oder Hanf, sondern Linie, Richtung, Grenze, Verbindung.

Schon früh wussten die Menschen: Was gebunden ist, bleibt. Was geknotet ist, ist gesetzt. Was festgezogen ist, das hält.

Die Kunst des Bindens war Teil vieler Schutzhandlungen. Knoten wurden gesetzt, um Krankheiten zu binden. Um Schmerzen zu binden. Um das Böse festzuhalten, damit es nicht weiterwächst. Und immer wieder taucht dabei der rote Faden auf: als Linie der Kraft, als Verbindung, als Bindung. Rot – die Farbe des Blutes, der Lebenskraft, des Schutzes.

Knoten, die binden und lösen

Es gibt Knoten, die halten. Und es gibt Knoten, die lösen. Die Alten wussten genau, wie viele Knoten sie setzten, wie sie gebunden wurden und wann sie wieder gelöst werden mussten.

Dreimal ein Knoten – für Schutz. Neun Knoten – für Bann und Bindung. Ein Knoten, der wieder gelöst wird – für die Befreiung.

42

Knoten waren nicht willkürlich. Sie wurden gesetzt mit Wort, mit Atem, mit Geste. Beim Binden wurde oft gesprochen. Ein Satz. Eine Absicht. Ein Spruch, der den Knoten füllte.

Denn der Knoten allein bindet nicht. Es ist das Wort, das den Knoten zum Werkzeug macht.

„Ich binde den Schmerz, ich halte ihn fest, er wächst nicht weiter."

Oder:

„Ich knote die Angst, sie bleibt nicht bei dir."

Die Form ist einfach. Die Wirkung liegt im Setzen, im Sprechen, im Bewusstsein.

Der rote Faden – Schutz, Bindung, Verbindung

Der rote Faden taucht in vielen alten Überlieferungen auf. Er wird um das Handgelenk gebunden, um das Bett eines Kindes, um das Grundstück, um den Stall.

Rot schützt. Rot sagt: „Hier ist Grenze." Rot lenkt den Blick, nicht nur den der Menschen, sondern auch den der Kraft, die wirkt.

Manchmal war es ein einziger Faden. Manchmal neun Knoten darin. Manchmal wurde der Faden um einen Spiegel gebunden. Manchmal um ein Stück Holz, um einen Stein, um eine Rune.

Der Faden selbst trägt die Absicht. Er ist Linie, er ist Weg. Und wenn er geknotet wird, wird aus Weg Bindung.

Das Binden von Schmerzen, das Lösen von Knoten

Nicht nur Schutz, auch Heilung nutzte das Binden. Schmerzen wurden „gebunden", damit sie nicht wachsen. Manche Heilerinnen banden Knoten in Schnüre und sprachen dabei leise:

„Ich binde den Schmerz, ich halte ihn fest. Ich knote ihn, bis er vergeht."

Die Knoten blieben, bis der Schmerz wich. Dann wurden sie gelöst. Auch das Lösen war ein bewusster Akt: Öffnen, Entlassen, Freigeben. Nicht einfach aufschneiden, nicht achtlos aufreißen. Sondern bewusst den Knoten öffnen, die Kraft entlassen.

Die Geste des Bindens ist so alt wie das Handwerk. Und doch hat sie im Schutz und in der Heilung ihre eigene Sprache.

Die Zahl als Kraftgeber beim Knotenbinden

Drei. Sieben. Neun. Zwölf.

Immer wieder tauchen diese Zahlen im alten Schutz- und Bindehandwerk auf. Drei Knoten: die kleinste Setzung. Neun Knoten: die stärkste Bindung. Zwölf: das Maß, das Ordnung schafft. Sieben: das Maß der Vollständigkeit, des Zyklus, des Überschreitens der reinen Materie.

Warum aber nicht drei, sechs, neun, zwölf?

Diese Frage ist berechtigt, denn es gibt zwei Blickrichtungen auf Zahlen und ihre Kraft. Das eine ist das alte Erfahrungswissen des Volkes, das andere ist das energetische Zahlendenken, wie es etwa aus der antiken Mathematik oder aus späteren esoterischen Lehren bekannt ist.

Im alten Brauchtum – dort, wo Binden, Knoten, Besprechen, Segnen Teil des Alltags waren – finden sich fast immer die 3, 7, 9 und 12. Sie sind gewachsen aus den Rhythmen des Lebens, aus den Zyklen der Natur, aus Beobachtung und Weitergabe.

3: die kleinste Einheit von Anfang, Mitte, Ende.
7: die Zahl der Wochentage, der klassischen Planeten, der Generationen, der Übergänge.
9: die dreifache Drei, die Vollendung, die Verstärkung.
12: das Maß der Ordnung, die Zahl der Monate, der Tierkreiszeichen, der „vollen Runde".

Die 6 hingegen – als doppelte Drei – gehört eher in das mathematische, pythagoreische Denken. Nikola Tesla sprach oft von der besonderen Kraft der Reihe 3, 6, 9, verbunden mit Energie, Frequenz und Schwingung. Das ist eine andere, aber ebenso spannende Sichtweise, die aus dem Verständnis von Harmonie und Resonanz kommt.

Im alten Schutzhandwerk aber, dort, wo das Binden von Schmerzen, das Setzen von Bannzeichen, das Besprechen und das Knotenbinden Teil des gelebten Wissens war, finden wir überwiegend die drei, sieben, neun und zwölf.

Manche sagen: Drei für das Setzen. Sieben für den Weg. Neun für das Binden. Zwölf für das Vollenden.

Beide Systeme – das praktische, bodenständige und das energetisch-mathematische – berühren sich an vielen Punkten. Und beides hat seine Berechtigung. Doch dieses Buch steht auf den Schultern des alten Alltagswissens. Und dort ist die 7 oft heiliger als die 6.

Die Zahl ist also nicht nur eine Zählhilfe. Sie ist ein Teil des Bannwerks. Sie ordnet das Feld. Sie gibt dem Knoten, dem Faden, dem Spruch den Rahmen, den er braucht, um zu wirken.

Bindung, die schützt – und Bindung, die löst

Ein Knoten kann fesseln. Aber ein Knoten kann auch halten, was gebunden bleiben soll: Segen, Schutz, Verbindung.

Der Faden kann trennen. Der Faden kann verbinden.

Das Wissen um das Binden ist das Wissen um das Setzen von Linien. Und darum, dass die Kraft folgt, wohin wir die Linie ziehen.

Nicht mehr. Nicht weniger.

Schutzpflanzen, Räucherwerk

und die Kraft der einfachen Mittel

Bevor es Apotheken und Desinfektionsmittel gab, wussten die Menschen um die Kraft der Pflanzen. Nicht als Ersatz für Medizin, sondern als das, was sie immer schon waren: Wegbegleiter, Reiniger, Schutzträger, Türhüter.

Die Menschen wussten, welche Pflanzen das Feld reinigen, welche es stärken, welche es schützen. Sie wussten, was man ans Haus bindet, was man übers Feuer hält, was man räuchert, um das Fremde fortzuschicken und das Eigene zu stärken.

Dieses Wissen war kein Aberglaube. Es war Erfahrung. Gelebte Praxis. Ausprobiert, überliefert, angepasst an das, was wuchs, an das, was das Land hergab. Man wusste: Was jetzt blüht, was jetzt stark ist, das ist auch bereit, seine Kraft zu geben.

Nicht jede Pflanze war für alles gut. Jede hatte ihre Sprache. Ihre Art zu wirken. Und jede brauchte ihren rechten Moment.

Der Rauch als Brücke zwischen den Welten

Rauch steigt auf. Rauch bewegt. Rauch trägt. Der Rauch geht dorthin, wo das Wort nicht reicht. Der Rauch verbindet die Ebenen, bewegt das, was festhängt, was schwer im Raum liegt.

Geräuchert wurde, wenn jemand krank war. Wenn Streit im Haus war. Wenn ein neuer Anfang gesetzt wurde. Wenn etwas losgelassen werden sollte. Nach einem Todesfall. Vor einer Geburt. Am Jahreswechsel. Beim Umzug in ein neues Haus.

Beifuß, Wacholder, Salbei, Holunder, Engelwurz, Alant.

Manchmal allein, oft in Mischungen. Je nachdem, was gehen sollte – und was bleiben sollte.

Beifuß klärt. Wacholder schützt. Salbei reinigt. Holunder hält die Verbindung zu den Ahnen. Engelwurz stärkt. Alant hebt.

Das Feuer, das die Pflanzen trägt, ist kein Opferfeuer. Es ist ein Übergang. Es wandelt die Form, gibt der Pflanze die Möglichkeit, ihre Kraft ins Feld zu schicken. Der Rauch trägt das Wort, die Bitte, die Absicht. Er geht dorthin, wo das Sichtbare endet.

Reinigen, Schützen, Stärken – was wofür?

Die Menschen wussten: Nicht jede Pflanze macht alles. Es ist ein Unterschied, ob ich reinigen will, ob ich schützen will, ob ich stärken will.

Reinigen – um Altes, Schweres, Fremdes zu lösen: Salbei, Beifuß, Wacholder, Thymian, Lavendel.

Schützen – um Grenzen zu setzen, um das Eigene zu wahren: Wacholder, Eisenkraut, Holunder, Alraune, Lorbeer.

Stärken – um das Eigene zu nähren, um Kraft einzuladen:
Engelwurz, Alant, Rosmarin, Johanniskraut.

Geräuchert wurde auch nicht einfach irgendwann.
Die Alten achteten auf den rechten Moment. Auf den
Stand des Mondes. Auf den Lauf des Jahres. Auf die
Stunde des Tages.

Abnehmender Mond: um etwas zu lösen, zu bannen,   fortzuschicken.
Zunehmender Mond: um zu stärken, zu nähren, einzuladen.
Zwischen den Jahren: um das Alte zu verabschieden
und   das   Neue   zu   begrüßen.
Morgens: um Frisches einzuladen, Klarheit zu schaffen.
Abends: um zu beruhigen, um den Tag zu schließen.

Pflanzen als Schwellenhüter

Nicht alles wurde verbrannt. Manches wurde gebunden,   gesteckt,   gehängt.
Ein Holunderzweig über die Tür. Wacholder an den
Fensterrahmen. Beifuß unter das Kopfkissen. Eisenkraut als Kranz am Stall. Johanniskraut an den Zaun
gebunden.

Diese Pflanzen waren keine Dekoration. Sie waren
Wächter. Sie standen an den Übergängen – an den Tü-
ren, an den Fenstern, an der Schwelle. Dort, wo das
Fremde eintritt. Dort, wo das Eigene hinausgeht.

„Wer den Holunder achtet, dem wird das Haus nicht krank", sagten die Alten.

Nicht aus Aberglaube, sondern aus Achtung vor dem, was wächst. Pflanzen sind nicht nur Körper. Sie sind Träger von Schwingung, von Wissen, von Kraft. Und sie reagieren auf Absicht, so wie das Feld.

Ein Zweig, achtlos gebrochen, bleibt ein Zweig. Ein Zweig, bewusst gepflückt, mit einem Spruch gesetzt, ist ein Wächter.

Räuchermischungen und ihre Sprache

Die Kunst der Mischung war oft ein Handwerk für sich. Manche Kräuterfrauen hatten eigene Rezepte, die über Generationen gehütet wurden. Manche wussten: Für Krankheit – Beifuß, Thymian, Wacholder. Andere sagten: Zum Schutz – Wacholder, Lorbeer, Eisenkraut. Und wieder andere hatten ihre eigenen Wege.

Es gibt keine „einzige richtige" Mischung. Die Pflanzen sprechen unterschiedlich, je nach Ort, je nach Jahr, je nach dem, was ist.

Wichtiger als die exakte Zutat ist die Haltung, mit der gewählt wird. Nicht alles auf einmal. Wenige Pflanzen, klar gesetzt.

Der Rauch soll erzählen können, nicht schreien.

Wann räuchert man? Zeitpunkte und Übergänge

Neujahr, Rauhnächte: Reinigung, Schutz, Segnung.

Vollmond: Stärken, Einladen, Segnen. Abnehmender Mond: Lösen, Reinigen, Abschließen. Vor dem Einzug in ein neues Haus: Altes verabschieden, Raum öffnen, Eigenes setzen. Nach schwerem Streit oder Krankheit: Klären, Grenzen setzen, Ruhe einladen.

Räuchern war kein Zaubertrick. Es war Arbeit mit dem Feld. Mit Achtung. Mit Sinn.

Wenige Mittel, große Wirkung

Ein kleiner Bund getrockneter Beifuß. Ein wenig Salz, gestreut mit klarem Wort. Ein Wacholderzweig an der Tür. Es braucht nicht viel. Aber es braucht Aufmerksamkeit.

Denn das Feld hört nicht, wie aufwendig etwas ist. Das Feld hört, ob es gemeint ist.

Vom Feld, der Form

und der Kraft der Materialien

Es ist nicht gleichgültig, womit etwas getan wird. So wie es nicht gleichgültig ist, was gesagt wird – ist es auch nicht gleichgültig, was dabei in der Hand liegt. Materialien sprechen. Sie tragen, sie leiten, sie wehren ab. Sie sind nicht bloß „Dinge", sie sind Träger von Kraft.

Die Alten wussten das. Und sie wussten, welches Material wofür taugt.

Man band nicht jeden Knoten mit jedem Faden. Man setzte nicht jedes Zeichen auf jedes Material. Man hängte nicht irgendeinen Spiegel an irgendeinen Platz. Man wählte. Und die Wahl war Teil des Werkzeugs.

Kupfer, Eisen, Silber – wenn das Material mitwirkt

Kupfer leitet. Eisen bindet. Silber klärt.

Kupfer holt die Kraft ins Fließen. Darum finden sich Kupferdrähte an Bannwerken, darum trägt man Kupfer am Körper, wenn etwas bewegt werden soll. Eisen dagegen hält fest, bindet, schließt ein. Darum nagelte man Eisen an Türen und Tore, um das Böse zu bannen, darum trugen viele einen eisernen Ring zum Schutz. Silber wiederum steht für Klarheit, für Spiegelung, für das helle Licht der Nacht. Es trennt nicht, es reinigt.

Jedes Metall, jeder Stein, jede Pflanze hat seine Sprache. Und es ist Teil der Kunst zu wissen, wen man ruft, wenn man eines davon nutzt.

Steine, die tragen – Erde, die hält

Steine sind nicht nur hart. Sie tragen Gedächtnis. Sie halten Kraft. Manche sagen: Jeder Stein hat seinen eigenen Gesang.

Granit – stabil, fest, unerschütterlich.
Quarz – klärend, sammelnd, ordnend.
Basalt – erdig, schützend, bindend.
Bernstein – warm, schützend, verbindend.

Und so, wie es bei den Metallen eine eigene Sprache gibt, so ist es auch bei den Steinen: Nicht jeder Stein für alles. Nicht jedes Material für jede Absicht.

Die Erde selbst ist Trägerin. Der Boden bindet. Die Erde nimmt auf. Viele Gaben an die Erde – Haare, Nägel, Asche – gehen bewusst zurück an den Boden, weil er hütet, was man loslassen will.

Holz, das lebt – Pflanzen als Träger der Absicht

Auch Hölzer haben ihre Kraft. Holunder als Schwellenhüter. Eiche als Träger der Standhaftigkeit. Hasel für das Finden, das Leiten. Wacholder als Wächter.

Ein Zauberstab war nie „irgendein Holz". Es war ein Stück gewähltes Material, mit Absicht geschnitten, zur rechten Zeit, an der rechten Stelle, mit dem rechten Gedanken. Die Wahl des Holzes war Teil des Handelns.

Spiegel, Salz, Eisen – die Klassiker des Schutzes

Immer wieder finden wir dieselben Materialien in Schutzhandlungen:

- **Salz:** klärend, bindend, abgrenzend.
- **Eisen:** bannend, festsetzend, abschließend.
- **Spiegel:** reflektierend, abwehrend, antwortend.

Diese Materialien sind deshalb so wirksam, weil sie in sich schon klar sind. Weil sie eine eigene Ordnung tragen, die auch das Feld versteht.

Ein Spiegel aus Silber. Ein Nagel aus Eisen. Ein Kreis aus Salz. Keine Zauberei – sondern Setzung. Klare Wahl, klares Material, klare Absicht.

Die Wahl des Materials ist Teil der Absicht

Es ist nicht gleichgültig, ob ich einen Faden aus Wolle oder aus Hanf nehme. Es ist nicht gleichgültig, ob ich ein Zeichen in Stein oder in Holz ritze. Alles, was gewählt wird, spricht mit. Alles, was gewählt wird, trägt mit.

Darum sammelten die Alten ihre Materialien nicht beliebig. Sie wussten, welches Holz wann geschnitten werden darf. Sie wussten, welches Metall für welchen

Zweck taugt. Sie wussten, welcher Stein trägt – und welcher schweigt.

Material allein wirkt nicht – doch ohne Material ist es nicht ganz

Material ist der Körper der Handlung. Absicht ist ihre Seele.

Erst das Zusammenspiel beider macht das Ganze. Ein Eisenstück allein ist nur Metall. Ein Salzring ohne Wort ist nur Kristall. Ein Spiegel ohne Absicht ist nur Fläche.

Doch wenn Wort, Wille und Material zusammenkommen, dann beginnt das Feld zu antworten. Dann ist es keine tote Sache mehr. Dann ist es ein Werkzeug.

Und genau darin liegt das alte Handwerk. Im Wissen um das, was wirkt. Und im Respekt vor dem, womit man es tut.

Die Kraft der Zahl, der Wiederholung

und des Rhythmus

Nicht alles wirkt auf einmal. Und nicht alles reicht ein einziges Mal. Die Alten wussten: Manches muss dreimal gesagt werden. Manches neunmal gebunden. Manches sieben Nächte lang wiederholt.

Wiederholung ist kein Zufall. Sie ist kein Aberglaube. Sie ist Rhythmus. Sie ist Ordnung. Sie ist das, was das Feld setzt, vertieft und verankert. Einmal sagen ist Bitte. Dreimal sagen ist Setzung. Siebenmal sagen ist Bindung. Neunmal sagen ist Bann.

Zahlen tragen Kraft – nicht als Magie, sondern als Ordnung

Zahlen sind mehr als nur Zählhilfen. Sie sind gelebte Rhythmen, die das natürliche, kosmische und energetische Ordnungssystem widerspiegeln. Jede Zahl hat ihre eigene Schwingung und Bedeutung, die sich durch die ganze Natur zieht – in der Zeit, im Körper, im Leben selbst. Die Bedeutung dieser Zahlen war den Alten vertraut, und sie wussten genau, wie sie in ihren Schutzhandlungen und Ritualen eingesetzt werden mussten:

- **Drei** – die kleinste Einheit des Ganzen: Anfang, Mitte, Ende. Sie bringt Klarheit und Vollständigkeit, stellt den Zyklus sicher. Alles Leben folgt der Drei: Geburt, Leben, Tod

– der ewige Kreislauf, der sich immer wieder erneuert.

- **Sieben** – das Maß des Zyklus: die Tage der Woche, die Planeten, die Übergänge. Sieben ist die Zahl des Wandels und der Verbindung zwischen dem Sichtbaren und dem Unsichtbaren. Sie repräsentiert die Erfüllung und den Übergang.
- **Neun** – die Verstärkung, die dreifache Drei, die Vollendung. Sie symbolisiert die Erreichung von Reife, die vollständige Entfaltung. Neun ist die Zahl der Verwandlung, des Abschlusses und des Neubeginns.
- **Zwölf** – das Maß der Ordnung: Monate, Tierkreiszeichen, der volle Kreis. Zwölf verkörpert die Vollständigkeit und das Universum, da sie den Zyklus des Jahres umfasst und gleichzeitig die kosmische Harmonie widerspiegelt.

Diese Zahlen tauchen immer wieder auf, nicht aus Zufall, sondern als Spiegel dessen, was in der Natur geschieht. Drei Schritte bis zur Klarheit. Sieben Schritte für den Wandel. Neun Knoten, um zu binden. Zwölf Ringe, um zu ordnen.

Auch das Feld liebt Ordnung. Auch das Feld versteht Zahl. Die Zahl sagt dem Feld: **Wie oft? Wie tief? Wie lange?**

Wiederholung als Setzung – warum dreimal oft reicht

Ein Wort, einmal gesagt, ist ein Klang. Ein Wort, dreimal gesagt, ist eine Richtung.

Darum finden wir überall in der alten Schutzkunst die Wiederholung – nicht als leeres Ritual, sondern als das bewusste Setzen einer Richtung und die Verstärkung der Absicht:

- **Dreimal pusten**, um das Böse fortzuschicken.
- **Dreimal spucken**, um das Fremde abzuwenden.
- **Dreimal sagen:** „Weiche."

Es ist nicht die Menge, die wirkt. Es ist der Rhythmus. Die Klarheit. Das bewusste Wiederholen. Es ist das, was die Kraft setzt, das, was sie hält. Jede Wiederholung ist ein weiteres Schichten von Absicht, ein weiteres Verankern der energetischen Struktur.

Wiederholung ist kein bloßer Akt des Nachahmens, sondern eine bewusste Handlung, die das zu erreichende Ziel vertieft. Wenn du ein Wort dreimal wiederholst, sendest du eine klare Nachricht an das Feld. Du formst das Feld. Du setzt die Absicht, dass dies nun wahr wird.

Zahl und Rhythmus in Handlungen

Zahlen und Rhythmus wirken nicht nur in der Theorie, sondern auch in der Praxis der Handlungen.

Jede Zahl hat einen natürlichen Rhythmus, der sich in den Handlungen widerspiegelt. Es sind diese Handlungen, die das Feld beeinflussen und mit der gewünschten Absicht verbinden:

- **Drei Knoten** im Faden, um den Schmerz zu binden.
- **Sieben Schritte** um das Haus, um Schutz zu setzen.
- **Neun Kreise** aus Rauch, um das Feld zu reinigen.
- **Zwölf Tropfen Wasser**, die das neue Jahr begrüßen.

Die Zahl gibt dem Tun eine Ordnung. Sie lenkt die Energie des Feldes und verhindert, dass etwas sich verläuft oder zerstreut. In der Wiederholung der Zahl entsteht eine strukturierte Form, die dem Feld klare Anweisungen gibt.

Wiederholung im Rhythmus der Zeit

Nicht nur innerhalb einer Handlung war die Wiederholung wichtig, sondern auch im Lauf der Zeit. Die Alte Praxis kennt die Bedeutung von Wiederholung über Tage, Wochen, Monate, sogar Jahre hinweg. Die Wiederholung der Zahl und des Rhythmus verstärkt die Wirkung, die Absicht und die Verbindung mit dem Feld. Auch im Rhythmus der Zeit sind Zahlen ein Schlüssel:

- **Dreimal täglich ein Spruch** für die Heilung.

- **Neun Nächte lang ein Gebet**, um eine Krankheit zu vertreiben.
- **Sieben Tage lang ein Kreis aus Salz**, um das Haus zu schützen.
- **Zwölf Monate lang ein Zeichen erneuern**, um das Jahr mit Schutz und Klarheit zu beginnen.

Nicht, weil das Feld „zählt", sondern weil das Wiederholen das Feld stärkt, klärt und festigt. Wiederholung und Rhythmus bauen ein starkes Band zwischen Absicht und Ergebnis. Es webt das Netz aus Energie und stellt sicher, dass der gesetzte Wunsch sich manifestiert.

Die Zahl ist die Sprache der Ordnung

Die Alten wussten: Unordnung zerfranst. Wiederholung bindet. Zahl gibt Halt. Rhythmus gibt Richtung.

Es ging nie nur um den Spruch. Nie nur um das Zeichen. Immer auch darum: **Wie oft? Wie tief? Wie lang?**

Einmal bitten. Dreimal setzen. Neunmal binden.

Denn das Feld antwortet auf das, was klar ist. Und es folgt dem, was im Rhythmus bleibt. Wenn du dem Feld regelmäßig die gleiche Botschaft sendest, dann wird das Feld aufhören zu schwanken. Es wird sich ordnen, die Absicht wird klar, und die Verbindung wird stark.

Runen, Hausmarken, Zeichen der Alten

Botschaften der Zugehörigkeit und des Schutzes

Zeichen erzählen Geschichten. Sie berichten von Familien, von Orten, von Herkunft und Zugehörigkeit. In früheren Zeiten waren Runen, Hausmarken und Familienzeichen nicht bloß Symbolik. Sie waren lebendige Zeugnisse einer bewussten Verbindung mit Ort und Gemeinschaft. Sie waren Schutz, Zeichen des Anspruchs und des Rechts. Vor allem aber waren sie Identität und Klarheit im Feld.

Anders als einfache Bannzeichen, die der reinen Abwehr dienten, erzählten Runen und Hausmarken von Zugehörigkeit und Gemeinschaft. Sie waren nicht universell, sondern persönlich, einzigartig, regional und familiär geprägt.

Hausmarken – Historische Herkunft und ihre Bedeutung

Hausmarken gehören zu den ältesten Zeichen Europas. Sie entstanden lange vor schriftlicher Tradition, zu einer Zeit, als Besitz und Anspruch klar gekennzeichnet werden mussten. Ursprünglich dienten sie der Markierung von Gegenständen, Waren und Eigentum. Später wurden sie zu familiären und gemeinschaftlichen Zeichen, die an Türen, Tore, Hausbalken und Hofeinfahrten geritzt wurden.

Diese Zeichen waren nicht geheim, sondern öffentlich und klar sichtbar. Ihre Botschaft lautete: „Hier ist unser Gebiet. Hier gilt unser Recht. Hier leben wir." Über Generationen hinweg wurden diese Hausmarken weitergegeben und weiterentwickelt, und oft waren es einzelne Linien und Winkel, die eine bestimmte Familie oder Dorfgemeinschaft identifizierten.

In Norddeutschland, Skandinavien und entlang der Nord- und Ostseeküsten waren Hausmarken weit verbreitet. An Bauernhäusern in Friesland und auf den Inseln findet man noch heute die markanten Zeichen über Türschwellen und Scheunentoren. Diese Zeichen waren und sind mehr als Dekoration – sie sind energetische Setzungen, die Gemeinschaft und Familie schützen und festigen sollten.

Runen – Zeichen mit tiefer, energetischer Bedeutung

Die Runen sind älter als das lateinische Alphabet und entstanden aus klaren Formen, die man in Holz, Knochen und Stein ritzte. Ihre Verbreitung reicht von Skandinavien über Deutschland bis nach Großbritannien. Ursprünglich dienten sie kaum als Schriftsprache, sondern vor allem als energetische Zeichen, um Schutz, Kraft und Richtung zu setzen.

Jede Rune trägt ihre eigene Bedeutung und Qualität. Einige Beispiele verdeutlichen dies besonders klar:

- ᚠ **Fehu** repräsentiert Besitz, Wohlstand und Fluss der Energie. Diese Rune wurde auf Gegenstände geritzt, um deren Mehrung und Schutz zu fördern.
- ᚨ **Ansuz** steht für Kommunikation, göttliche Inspiration und klare Sprache. Sie wurde oft genutzt, um gute Gespräche und klare Absichten zu fördern.
- ᛦ **Algiz** dient dem Schutz und der Verbindung zum Göttlichen. Diese Rune findet sich häufig an Haus- und Türschwellen, um negative Einflüsse fernzuhalten.
- ᛟ **Othala** steht für Heimat, Familie und Erbe. Sie wurde als klares Zeichen der Zugehörigkeit und Abgrenzung gesetzt und schützt Eigentum und Familienbande.

Runen wurden bewusst und gezielt verwendet, nie zufällig. Sie wurden an besonderen Tagen gesetzt, oft begleitet von kurzen Ritualen oder Segnungen. Das Material war dabei wichtig: Stein für langfristige Absichten, Holz für lebendige Energien und Metall für Schutz und Klarheit.

Familienzeichen und ihre Weitergabe durch Generationen

Neben den bekannten Hausmarken und Runen entwickelten viele Familien ihre eigenen, einzigartigen Zeichen. Diese Familienzeichen wurden oft nur mündlich weitergegeben und selten schriftlich dokumentiert. Sie wurden in Haus- und Stallbalken geritzt, auf Werkzeugen und Waffen angebracht und dienten nicht nur der Identifikation, sondern ebenso der energetischen Bindung der Familie.

Diese Zeichen halfen, das familiäre Feld klar und stabil zu halten. Sie erinnerten die Nachkommen daran, woher sie stammten, welche Verantwortung sie trugen und wie sie mit ihrem Umfeld verbunden waren.

Warum diese Zeichen verloren gingen und heute zurückkehren

Mit der zunehmenden Verstädterung und der Industrialisierung verschwanden viele dieser Zeichen aus dem Bewusstsein. Die Bindung an Ort und Familie wurde schwächer, Besitzverhältnisse änderten sich rascher, und die Traditionen gerieten in Vergessenheit. Runen und Hausmarken wurden oft nur noch als historische Kuriositäten betrachtet und verloren ihre ursprüngliche, lebendige Bedeutung.

Doch in der heutigen Zeit kehren diese Zeichen zurück ins Bewusstsein vieler Menschen. Gerade in einer Welt, die immer anonymer und globalisierter erscheint, wächst das Bedürfnis nach klaren Wurzeln, nach Zugehörigkeit und Schutz. Menschen entdecken wieder, dass alte Zeichen nicht nur dekorativ sind, sondern auch starke energetische und emotionale Verbindungen schaffen können.

Zeichen heute nutzen – Sinnvoll und bewusst

Wer heute ein altes Haus renoviert oder neu bezieht, stößt nicht selten auf alte Zeichen. Sie werden bewusst erhalten oder sogar erneuert, weil man spürt, dass sie mehr tragen als nur Erinnerung. Immer mehr Menschen wählen bewusst Runen oder alte Familienzeichen, um ihrem Wohnraum, ihrem Garten oder sogar ihrem Arbeitsplatz eine klare energetische Ordnung zu geben.

Dabei geht es nicht um magische Rituale, sondern um ein tiefes Verständnis von Ordnung und Zugehörigkeit. Alte Zeichen wirken, weil sie klar und einfach sind und weil sie historisch tief verwurzelt und erprobt wurden.

Wie Zeichen wirken und warum sie bleiben

Zeichen wirken im Feld, weil sie Klarheit schaffen. Ein Zeichen, klar gesetzt und bewusst gewählt, wird vom Feld verstanden und angenommen. Es ordnet und gibt Sicherheit. Diese Kraft der Zeichen ist keine Frage des Glaubens, sondern des bewussten Umgangs mit dem energetischen Raum.

Die Alten wussten dies intuitiv und selbstverständlich. Heute erinnern wir uns wieder daran, dass das Setzen eines klaren Zeichens eine Handlung ist, die nicht nur symbolische, sondern konkrete energetische Wirkung entfaltet.

Zeichen sind Sprache. Sie sind Werkzeuge. Sie sind lebendige Botschaften, die den Raum formen und schützen. Sie erinnern uns daran, wo wir stehen, woher wir kommen und was wir bewahren möchten.

Runen, Hausmarken und Zeichen der Alten sind keine Relikte, sondern lebendige Kraftlinien, die heute wieder bewusst entdeckt und gesetzt werden können. Ihre Botschaften sind klar: Hier gehören wir hin. Hier schützen wir. Hier bleiben wir.

Die Kunst des Setzens

Wo Zeichen wirken: Schwellen, Türen, Fenster, Plätze

Nicht jedes Zeichen wirkt überall. Nicht jede Form entfaltet ihre Kraft an jedem Ort gleichermaßen. Die Alten wussten genau, wo ein Zeichen stehen musste, damit es wirken konnte. Türen, Fenster, Schwellen, Plätze – all das waren Orte, an denen die Kraft der Formen bewusst und klar eingesetzt wurde. Jeder Ort hat seine eigene Sprache, seine eigene energetische Qualität, seine eigenen Bedürfnisse.

Die Kunst des Setzens war keine Nebensache, sie war entscheidend. Nicht nur was gesetzt wurde, sondern auch wo, wie und wann. Ein Zeichen, gesetzt an einer Schwelle, spricht eine andere Sprache als das gleiche Zeichen am Dachfirst oder unter dem Fenster. Es ist das Bewusstsein darüber, was jeder Platz braucht, das die Zeichen zum Leben erweckt und wirken lässt.

Schwellen – Orte der Entscheidung und des Schutzes

Die Schwelle ist einer der kraftvollsten Plätze eines Hauses. Sie ist Übergang, Grenze und Schnittpunkt zugleich. Hier betritt das Fremde den Raum. Hier verlässt das Eigene das Heim. Eine Schwelle ist kein neutraler Ort. Sie verlangt klare Setzung und bewusste Haltung.

Deshalb wurden Schwellen früher nicht einfach übergangen, sondern bewusst gestaltet und geschützt: Ein Zeichen an der Türschwelle – ein Kreuz, eine Rune oder ein klares Familienzeichen – ordnete den energetischen Fluss. Man streute Salzlinien, zog Wellenlinien zur Harmonisierung oder setzte Zickzacklinien zur Abwehr von negativen Einflüssen. Die Schwelle entscheidet, was hinein darf und was draußen bleiben muss.

Früher sagte man: „Übertrittst du die Schwelle, betrittst du ein anderes Feld." Die Schwelle war energetischer Wächter und Grenze zugleich.

Türen und Tore – Hüter des Raumes

Tür und Tor sind die großen Öffnungen, durch die Kraft in Räume hinein oder hinausfließt. Eine Tür ist immer eine Einladung – aber nicht für alles und jeden. Sie muss unterscheiden, klären und schützen. An Türen wirken daher Zeichen besonders stark.

Über der Haustür oder am Türbalken finden sich häufig Schutzzeichen: Kreuze, Runen oder Spiralen, manchmal auch Symbole wie das Sator-Quadrat. Diese Zeichen sind bewusst dort angebracht, weil sie unmittelbar auf das Feld wirken, das den Raum betritt. Sie schaffen Klarheit darüber, welche Kraft willkommen ist und welche fernbleiben soll.

Viele alte Häuser tragen bis heute solche Zeichen. Sie sind keine bloßen Dekorationen, sondern kraftvolle Wächter, die dafür sorgen, dass nur Gutes und Gewolltes den Raum betritt.

Fenster – Klarheit und Grenze zugleich

Fenster sind die Augen des Hauses. Sie lassen Licht hinein und Blicke hinaus. Doch ebenso wie sie offen sind für das Licht, öffnen sie das Feld auch für unerwünschte Einflüsse. Deshalb wurden auch Fensterrahmen und Fensterbänke bewusst mit Schutz versehen.

Zeichen am Fenster haben häufig andere Qualitäten als an Türen oder Schwellen. Sie sind subtiler, oft filigraner und haben die Aufgabe, Klarheit zu fördern und zugleich abzuwehren, was nicht hineingehört. Ein einfaches Kreuz, eine Spirale oder eine gezahnte Linie am Fensterrahmen schützt vor dem „bösen Blick", vor Neid oder störenden Energien.

Fensterzeichen ordnen das, was von außen nach innen fließt. Sie verhindern, dass Unruhe, Streit oder Krankheit eindringen. Ein Fenster ist nicht nur Glas – es ist energetische Schnittstelle, die Klarheit verlangt.

Plätze und Höfe – Orte gemeinschaftlicher Kraft

Nicht nur am Haus, sondern auch rund um Haus und Hof gibt es Plätze, die Schutz und Ordnung benötigen. Der Brunnen im Hof, der Eingang zum Garten, die Scheune oder das Stallgebäude – jeder dieser Orte hat eine eigene energetische Qualität und braucht andere Zeichen und Setzungen.

Der Brunnenplatz wurde oft mit Zeichen des Wassers geschützt: Wellenlinien, Spiralen oder einfache Kreise, die die Reinheit des Wassers bewahren sollten. Der Stall oder die Scheune trugen kräftige Schutzzeichen wie Zackenlinien oder Kreuze, die Unheil fernhielten und die Tiere schützen sollten.

Ein großer Hofplatz wiederum war oft ein Ort, an dem gemeinschaftliche Zeichen gesetzt wurden – Zeichen, die Zusammenhalt, Gemeinschaft und gegenseitigen Schutz ausdrückten. Ein Kreis oder ein Stern im Pflaster oder ein gemeinsames Zeichen, das in Holz geschnitzt war, zeigte: „Hier ist unser gemeinsamer Raum. Hier gilt unser Schutz."

Dach und First – Schutz von oben

Das Dach eines Hauses symbolisiert Schutz und Geborgenheit. Zeichen am First oder im Dachgebälk schützen das gesamte Gebäude. Sie ordnen die Kraft, die von oben kommt – Regen, Blitz, Sturm, aber auch unerwünschte Einflüsse energetischer Art.

Viele alte Häuser tragen Symbole oder Figuren an ihren Dachgiebeln, oft tierische Symbole oder geometrische Muster. Sie waren nicht bloße Verzierung, sondern bewusst gesetzte energetische Wächter, die dafür

sorgen sollten, dass das Feld des Hauses klar und geschützt blieb.

Die bewusste Kunst des Setzens lernen

Die Alten wussten genau, dass das Setzen von Zeichen eine Kunst ist, die gelernt und gepflegt werden
muss. Sie wussten intuitiv, wo ein Zeichen wirken
musste und wo nicht. Sie wussten, dass ein Zeichen an
der falschen Stelle wirkungslos oder sogar störend sein
kann.

Ein Zeichen lebt von Klarheit, von der bewussten
Entscheidung, es an einem bestimmten Ort zu platzie-
ren. Erst durch das richtige Setzen entfaltet ein Zeichen
seine volle Wirkung. Wer heute Zeichen setzt, kann
sich von dieser alten Kunst inspirieren lassen: Nicht
einfach irgendwo zeichnen oder ritzen – sondern fragen: Wo braucht es Schutz? Wo braucht es Ordnung?
Wo fließt die Kraft hinein, und wo muss sie bleiben?

Es geht um bewusstes Wahrnehmen und Gestalten
der Räume, in denen wir leben. Denn jeder Raum
spricht. Und jeder Raum antwortet.

Die Kunst des Setzens ist die Kunst, die Antwort
klar und bewusst zu geben.

Teil 3

Rituale, Übergänge und der rechte Moment

Rituale der Reinigung und Stärkung

Das Feld erneuern

Alles, was lebt, trägt Spuren. Alles, was geschieht, hinterlässt Eindrücke im Feld. Räume, Gegenstände, Orte – sie alle speichern das, was in ihnen geschieht: Freude, Streit, Krankheit, Sorge, Heilung. Deshalb war es den Alten immer klar: Das Feld muss gepflegt werden, so wie man auch den Boden kehrt oder das Wasser wechselt. Reinigung und Erneuerung sind keine Ausnahme, sie sind Teil des Lebens.

Nicht aus Angst, sondern aus Achtung.

Ein Feld, das nie gereinigt wird, beginnt zu fransen. Es wird schwer, müde, belastet. Ein Raum, der nie gelüftet wird, fängt an zu „kippen". Ein Haus, in dem Streit bleibt, wird eng und trüb.

Die Alten wussten, dass es dafür einfache Wege gibt. Keine großen Zeremonien, sondern klare, kraftvolle Handlungen, um das Feld zu klären, zu lösen, zu erneuern.

Warum Reinigung mehr ist als Putzen

Es gibt einen Unterschied zwischen **Sauberkeit** und **Klarheit**. Ein Raum kann blitzblank sein – und sich trotzdem schwer anfühlen. Umgekehrt kann ein Ort einfach, rustikal, alt sein – und dennoch leicht, frei und offen wirken.

Reinigung auf energetischer Ebene bedeutet, das Feld zu klären. Die Spuren, die Worte, die Gedanken, die Taten hinterlassen haben, werden geordnet, gelöst, abgewaschen. Was nicht bleiben soll, darf gehen. Was bleiben darf, wird gestärkt.

Dazu braucht es keine große „Magie", sondern Aufmerksamkeit. Hingabe. Und ein paar einfache Mittel, die seit Generationen bekannt und bewährt sind.

Wasser, Rauch und Salz – die drei Säulen der Reinigung

Die Alten kannten drei Grundpfeiler, um das Feld zu reinigen und zu stärken:

1. **Wasser – das Lösende und Fließende.**

   Mit Wasser wäscht man nicht nur den Körper, sondern auch das Feld. Besonders **fließendes Wasser** (Quellwasser, Regenwasser, Bachwasser) wurde genutzt, um schwere Energien abzutragen. Oft sprach man dabei einen Satz wie:

   „Was nicht zu mir gehört, fließt fort."

2. **Rauch – das Klärende und Aufsteigende.**

   Räucherwerk hat seit jeher die Aufgabe, Räume zu reinigen, Energien zu klären, Verbindung zum Feinen herzustellen. Beifuß, Wacholder, Salbei, Harze wie Weihrauch oder Myrrhe – sie alle haben ihre eigene Kraft. Der Rauch trägt das Störende davon und setzt neue Ordnung. Auch das Ausräuchern wurde oft an bestimmten Tagen gemacht, etwa zu den **Rauhnächten**, zum **Neubeginn**, nach Krankheit oder Streit.

3. **Salz – das Klärende, Neutrale und Bindende.**

Salz ordnet. Salz zieht. Salz hält. Eine einfache Schale Salz in der Ecke, ein Salzstrich an der Schwelle, eine Prise Salz ins Wischwasser – es braucht nicht viel. Salz sagt dem Feld: Hier ist Klarheit. Hier ist Grenze.

Zeiten der Reinigung – wenn der Moment stimmt

Nicht jeder Tag ist gleich gut geeignet, um das Feld zu erneuern. Die Alten wussten: Der **abnehmende Mond** ist eine gute Zeit, um loszulassen. Die Tage **zwischen den Jahren**, die sogenannten **Rauhnächte**, galten als besonders geeignet für Klärung, Rückblick und Neuausrichtung.

Nach Krankheiten, nach Todesfällen, nach großen Streits war es üblich, Haus und Hof zu räuchern oder zu waschen, um die „Schwere" aus dem Raum zu nehmen. Auch nach Geburten wurde oft gereinigt, aber diesmal nicht aus Abwehr, sondern um dem Neuen einen klaren, offenen Raum zu bereiten.

Die Reinigung von Gegenständen – die Pflege des Eigenen

Nicht nur Räume brauchen Klärung. Auch Gegenstände speichern Felder. Werkzeuge, Schmuck, Kleidung, sogar Geld. Darum wuschen viele Menschen früher ihre Amulette in fließendem Wasser oder legten sie über Nacht in Salz. Auch das Räuchern von Werkzeugen war üblich – besonders, wenn das Werkzeug für Heilung oder Schutz genutzt wurde.

Ein Messer, mit dem Kräuter geschnitten wurden. Ein Faden, der für Binden oder Besprechen genutzt wurde. Ein Spiegel, der als Wächter diente. Sie alle wurden regelmäßig gereinigt, um klar und offen zu bleiben.

Es war nicht Aberglaube. Es war Pflege. Und Achtung vor dem Werkzeug.

Worte als Teil der Reinigung

Neben Wasser, Rauch und Salz hatten auch Worte ihren festen Platz bei der Reinigung. Nicht immer wurde ein großer Spruch gebraucht. Oft reichte ein einfacher Satz, gesprochen beim Ausräuchern, beim Wischen, beim Lüften:

- *„Ich kläre, was schwer geworden ist."*
- *„Was nicht zu mir gehört, geht."*
- *„Dieses Haus sei frei und offen."*

Denn das Feld hört. Und es hört, was gemeint ist.

Reinigung ist Pflege, nicht Angst

Reinigung ist kein Abwehrzauber. Es geht nicht darum, in Angst vor dem Bösen zu leben. Es geht darum, das eigene Feld zu achten, es klar und gesund zu halten – so wie man den Boden fegt oder das Fenster öffnet.

Ein geklärter Raum atmet besser. Ein gereinigtes Feld trägt leichter. Es ist wie ein geputzter Spiegel, in dem man wieder klar sehen kann.

Die Stärkung nach der Reinigung

Nach dem Loslassen braucht es Stärkung. Reinigung allein lässt den Raum leer – Stärkung füllt ihn wieder bewusst. Die Alten setzten deshalb oft nach dem Räuchern frische Kräuter, hängten Zweige auf, stellten Blumen ins Haus oder banden rote Fäden an die Tür.

Auch hier sprachen sie bewusst:

- *„Ich lade Freude ein."*
- *„Ich stärke, was wachsen soll."*
- *„Dieses Haus sei offen für Gutes."*

Denn Schutz bedeutet nicht nur Abwehr. Schutz bedeutet auch: Kraft nähren. Klarheit halten. Raum geben.

Reinigung und Stärkung – ein lebendiger Kreislauf

Reinigung und Stärkung gehören zusammen. Sie sind wie Ein- und Ausatmen, wie Kehren und Schmücken. Es geht nicht um Angst, nicht um Vertreiben. Es geht darum, den eigenen Platz klar, wach und offen zu halten. Für das Eigene. Für das Gute. Für das, was wachsen will.

Die Alten wussten das. Und sie erinnerten uns daran, dass auch heute ein bisschen Salz, ein wenig Rauch, ein guter Satz – und ein aufmerksamer Blick – reichen, um das Feld zu erneuern.

Und immer wieder: mit Liebe, mit Achtung, mit Klarheit.

Die Kraft der Zeiten

Mond, Jahreskreis, Lebensübergänge

Es gibt Momente, da geht etwas leicht. Und andere, da bleibt alles zäh. Manche Tage tragen die Kraft des Anfangs, andere das Wissen vom Loslassen. Die Alten wussten: Nicht jeder Moment ist gleich. Es gibt Zeiten, die öffnen, und Zeiten, die schließen. Zeiten, die stärken, und Zeiten, die leeren.

Dieses Wissen um den „rechten Moment" war kein Aberglaube. Es war Beobachtung. Erfahrung. Die Kunst, sich im Strom der Zeit nicht gegen den Fluss zu stellen, sondern mit ihm zu gehen. Denn Zeit ist nicht nur das Ticken der Uhr. Zeit ist Qualität.

Der Mond – das große Rad am Himmel

Der Mond ist der alte Taktgeber für viele Rituale und Schutzhandlungen. Die Alten lebten mit seinem Rhythmus – und wussten, dass seine Phasen das Feld mitprägen.

- **Neumond:** Der Anfang, der neue Impuls. Zeit für Setzungen, Neubeginn, klare Ausrichtung.

- **Zunehmender Mond:** Stärkung, Aufbau, Wachstum. Alles, was genährt und gefördert werden soll, bekommt jetzt Rückenwind.

- **Vollmond:** Die volle Kraft. Die Dinge sind „am höchsten Punkt". Gute Zeit für klare Entscheidungen, für Segnungen, für das, was sichtbar werden darf.
- **Abnehmender Mond:** Zeit des Loslassens. Reinigung, Auflösung, Klärung. Alles, was gehen soll, findet jetzt leichter den Weg.

Wer zu den richtigen Mondzeiten bespricht, bindet, räuchert oder bannt, arbeitet mit dem natürlichen Fluss – nicht gegen ihn.

Beispiel aus der Praxis:

- **Warzen besprechen?** → Immer bei abnehmendem Mond.
- **Schutzzeichen setzen?** → Am besten bei zunehmendem oder Vollmond.
- **Haus reinigen, räuchern?** → Abnehmender Mond, um das Alte gehen zu lassen.

Der Jahreskreis – das Rad der acht Tore

Auch das Jahr selbst hat seinen eigenen Rhythmus. Viele alte Kulturen kannten den Jahreskreis als Rad mit acht Stationen – eine Art „Atem" des Jahres:

- **Wintersonnenwende (Jul):** Die Wiederkehr des Lichts. Neubeginn, Hoffnung, Schutz für das neue Jahr.
- **Imbolc (Lichtmess):** Reinigung, Aufbruch, Neubeginn im Kleinen. Saatkraft.

- **Frühjahrs-Tagundnachtgleiche (Ostara):** Gleichgewicht, Balance, Wachstum.
- **Beltane (Walpurgis):** Lebenslust, Feuerkraft, Schutz für das, was wachsen will.
- **Sommersonnenwende (Litha):** Hoch-Zeit des Lichts, Schutz, Klarheit, Fülle.
- **Lammas (Lughnasadh):** Erntebeginn, Dank, aber auch erste Rückschau.
- **Herbst-Tagundnachtgleiche (Mabon):** Ausgleich, Ernteabschluss, Vorbereitung auf die dunklere Zeit.
- **Samhain (Allerheiligen, Ahnenfest):** Tor zur Anderswelt, Abschied, Rückzug, Loslassen.

Diese Stationen sind Momente, an denen das Feld besonders offen ist für Setzung, Reinigung, Stärkung. Besonders die Schwellenzeiten – wie die Sonnenwenden und Tagundnachtgleichen – öffnen das Tor zwischen den Welten. Hier zu wirken, bedeutet: die Zeit selbst als Helferin an der Seite zu haben.

Lebensübergänge – die Tore im eigenen Leben

Nicht nur die Himmelszeiten, auch die eigenen Lebensabschnitte tragen Kraft:

- Geburt und Geburtstage
- die erste Menstruation, das Erwachsenwerden
- Hochzeiten, Verbindungen, Partnerschaften

- Scheidungen, Trennungen, Loslösungen
- der Tod, das Gehen, das große Tor hinaus

Die Alten nahmen solche Übergänge nicht einfach hin. Sie begleiteten sie mit Ritualen, Setzungen, Zeichen. Damit das, was gehen soll, auch wirklich gehen kann. Und das, was kommen soll, auch wirklich kommen darf.

Ein   Beispiel: Nach einer Scheidung wurde früher oft das Haus ausgeräuchert, der gemeinsame Schlafplatz neu geordnet, Schutzzeichen neu gesetzt – nicht aus Groll, sondern um das Alte klar zu verabschieden und das Neue einzuladen.

Auch die Geburt eines Kindes war nicht nur ein biologisches Ereignis, sondern ein energetischer Übergang, der begleitet wurde: mit Schutz für das Neugeborene, mit Zeichen am Bettchen, mit roten Fäden, mit gesungenen Segenssprüchen.

Der richtige Moment – das offene Fenster

Manchmal spürt man es: Jetzt ist der richtige Moment. Jetzt „passt" es. Dann fließen die Dinge leicht. Dann öffnen sich Türen. Die Alten sagten: „Das Tor steht auf."

Der rechte Moment ist ein Fenster. Kein Zwang. Kein Muss. Sondern ein Einladen, ein Möglichmachen. Und wer gelernt hat, diese Fenster zu spüren, der muss nicht gegen das Leben anarbeiten. Der darf mit ihm gehen.

Und manchmal, wenn das Feld sich nicht ordnen will, wenn Schutzzeichen nicht halten, wenn Heilung zäh bleibt – dann lohnt es sich, nicht nur an der Technik zu feilen, sondern auch zu fragen: **Ist jetzt überhaupt die Zeit dafür? Oder braucht es einen anderen Moment?**

Zeit als Verbündete, nicht als Gegner

Die Alten lebten nicht gegen die Zeit. Sie lebten mit ihr. Sie wussten, dass es Tage des Säens und Tage des Erntens gibt. Tage des Wachsens und Tage des Ruhens. Tage der Klärung und Tage des Feierns.

Und immer wieder erinnerten sie: Wer mit der Zeit geht, braucht weniger Kraft. Weil die Zeit selbst dann hilft, trägt, stärkt.

Das Tor der Rauhnächte

Zwischenräume, Vision, Schutz

Es gibt Zeiten im Jahr, die sind nicht einfach Tage. Sie sind Tore. Zwischenräume. Offene Felder. Die **Rauhnächte** – jene zwölf Nächte zwischen dem alten und dem neuen Jahr – gehören zu diesen besonderen Momenten.

Die Alten sagten: In diesen Nächten steht das Rad still. Die Schleier sind dünn. Die Welt der Lebenden und die Welt der Geister, der Ahnen, der Kräfte rücken näher zusammen. Das, was sonst verborgen bleibt, zeigt sich. Das, was kommen will, kündigt sich an.

Doch die Rauhnächte waren nie nur eine Zeit der Vision. Sie waren auch Schutzzeit. Klärzeit. Eine Gelegenheit, das Feld zu reinigen, die Schwellen zu sichern, das eigene Haus zu ordnen – innen wie außen.

Warum zwölf Nächte?

Die zwölf Nächte entstanden aus dem alten Wissen um den Unterschied zwischen dem **Mondjahr** (354 Tage) und dem **Sonnenjahr** (365 Tage). Zwischen beiden klaffen elf bis zwölf „leere" Tage – Tage, die außerhalb des üblichen Zyklus stehen. Die „toten Tage", wie manche sagten. Oder die „freien Tage", wie andere meinten.

Gerade weil sie „zwischen" den Jahren liegen, gelten diese Nächte als besonders kraftvoll:

- Nicht mehr im Alten.
- Noch nicht ganz im Neuen.
- Ein Dazwischen, das offen ist für Wandlung.

Reinigung vor der Schwelle

Bevor die Rauhnächte begannen, räumte man das Haus auf. Nicht nur äußerlich, sondern auch energetisch. Streit wurde, wenn möglich, vorher geklärt. Schulden beglichen. Versöhnung gesucht. Es hieß: *„Wie die Rauhnächte kommen, so wird das Jahr."*

Deshalb wurde auch geräuchert – mit Beifuß, Wacholder, Salbei, Weihrauch. Das Haus sollte rein sein, damit das, was kommen will, einen klaren Weg findet.

Die Nächte der Botschaften

Jede Nacht der Rauhnächte steht symbolisch für einen Monat des kommenden Jahres. Die erste Nacht für den Januar, die zweite für den Februar, und so weiter. Das, was man in diesen Nächten träumt, beobachtet, hört oder fühlt, wurde als Hinweis auf das kommende Jahr verstanden.

Viele führten ein „Rauhnächte-Tagebuch", in dem sie Träume, Begegnungen, Gedanken notierten. Nicht, um krampfhaft zu deuten, sondern um das Feld für Botschaften zu öffnen, die sonst vielleicht überhört worden wären.

Schutz in den Rauhnächten

Weil die Tore in dieser Zeit so weit offenstehen, galt es auch, das Eigene zu schützen. Nicht alles, was durch das Tor kommt, meint es gut. Die Alten hängten deshalb oft **rote Fäden** an Türen und Fenster, banden sie um Ställe und Kinderbetten. Zeichen wurden erneuert, Bannstriche gezogen, Hausmarken nachgezogen.

Auch Spiegel wurden in manchen Regionen verhängt, damit keine „fremden Blicke" aus dem Zwischenraum ins Haus fielen. Das Verhängen sollte nicht abwehren, sondern klar machen: **„Dieser Raum gehört uns."**

Mancherorts stellte man zusätzlich eine Schale Wasser ans Fenster oder an die Tür – für die Geister der Ahnen, als Zeichen der Achtung. Ein bisschen Brot, ein bisschen Milch – nicht als Opfer, sondern als Geste der Verbundenheit.

Das Orakel der Nächte

Die Rauhnächte waren auch Zeit für Fragen:

- Wohin führt mein Weg?
- Was darf gehen?
- Was will wachsen?

Losorakel, Traumdeutung, einfache Zeichenlesen waren gängige Praktiken. Auch das Ziehen von Runen, das Werfen von Bohnen oder Steinen, das Lauschen in die Stille gehörte dazu.

Doch es war nie Zwang. Es war ein Lauschen. Ein Fragen. Ein stilles Warten darauf, was das Feld erzählt.

Verbrennen, Verwandeln, Wünschen

In vielen Regionen gab es das Ritual, **Wünsche aufzuschreiben** – einen für jeden Monat des neuen Jahres – und diese Zettel dann Nacht für Nacht ins Feuer zu geben. Die Idee dahinter: Was wir loslassen, darf der große Geist, das Feld, die Kraft der Welt für uns übernehmen. Der letzte Wunsch, der bleibt, ist der, um den man sich selbst kümmern soll.

Auch hier ging es nie um „Zauber" im Sinne von Manipulation, sondern um das bewusste Setzen von Absicht. Um das Erkennen: Wo will mein Herz hin? Wo ruft mein Leben mich?

Die zwölfte Nacht – das große Tor

Die letzte Rauhnacht, oft die Nacht auf den 6. Januar (Dreikönig), wurde als besonders kraftvoll betrachtet. Es ist die Nacht, in der das Alte verabschiedet und das Neue endgültig begrüßt wird. Man sagte: *„In der zwölften Nacht schließen sich die Tore."*

Das Haus wurde noch einmal gereinigt, die Räume ausgeräuchert, Schutzzeichen erneuert. Manche banden ein letztes Mal rote Fäden, andere entzündeten eine große Kerze, die das Licht des Neuen tragen sollte.

Die Rauhnächte – Einladung zum Innehalten

Am Ende sind die Rauhnächte kein festes Ritualprogramm. Sie sind Einladung. Raum zum Stillwerden. Raum zum Hinhören. Raum zum Setzen.

Ein bisschen Rauch. Ein bisschen Salz. Ein aufmerksamer Blick. Und die leise Frage: *„Was will gehen? Was will kommen? Was will bleiben?"*

Die Alten wussten: Die Kraft der Rauhnächte liegt nicht im Zauber, sondern im Lauschen. Und im Mut, das Neue bewusst einzuladen.

Verbrennen, Verwandeln, Binden

Die Kunst des Bannens mit Feuer, Faden und Atem

Manchmal reicht das Wort allein nicht. Manchmal braucht es eine Handlung, die sichtbar macht, was geschehen soll. Etwas, das das Innere nach außen bringt. Das, was krank macht, was schmerzt, was bindet, wird nicht nur ausgesprochen – es wird gesetzt, gebunden, verbrannt, verwandelt.

Die Alten kannten viele Wege, um Krankheit, Leid oder das „Böse" nicht einfach nur wegzuwünschen, sondern es ganz bewusst zu binden und zu bannen. Eine der ältesten Formen dabei war das **Verbrennen des Krankheitsstoffes** – sei es Wundwasser, ein getränktes Tuch, Haare, Fingernägel, oder auch symbolisch ein Stück Faden, das das Übel stellvertretend hielt.

Nicht aus Grausamkeit. Nicht aus Angst. Sondern aus dem tiefen Wissen heraus:

Was gebunden ist, bleibt. Was verbrannt ist, löst sich. Was ins Feuer gegeben wird, kehrt nicht zurück.

Die Kraft des Feuers – Wandel durch Verbrennung

Feuer ist nicht nur Wärme. Feuer ist Wandlung. Es verwandelt Stoff in Rauch, in Licht, in Asche. Und in dieser Verwandlung liegt die Kraft des Lösens. Das Feuer nimmt auf und gibt zurück – aber verwandelt.

Das alte Wissen nutzte genau das:

- Das Krankhafte wurde gebunden.
- Das Gebundene wurde dem Feuer übergeben.
- Das Feuer wandelte, was nicht bleiben sollte.

Dieses Prinzip war bekannt in vielen Regionen und in vielen Varianten: Ein kleines Tuch, das mit dem Wundwasser benetzt war. Ein Stück Watte, das die Krankheit aufgenommen hatte. Ein Faden, der stellvertretend die Schmerzen band. All das wurde ins Feuer gegeben, oft begleitet von einem leisen Satz, einem Spruch, einer Bitte:

„Was hier gebunden ist, das geht. Was hier brennt, das weicht."

Wundwasser, Blut, Haare – Träger des Feldes

Alles, was aus uns kommt, trägt einen Teil von uns. Haare, Nägel, Blut, Wundwasser – das alles ist nicht „nur Materie", sondern Träger des eigenen Feldes, der eigenen Information. Darum war es nie gleichgültig, was mit diesen Dingen geschah.

Fingernägel wurden früher nicht achtlos fortgeworfen, sondern verbrannt oder fließendem Wasser übergeben. Haare wurden nicht einfach weggefegt, sondern gesammelt und bewusst entsorgt – oft dem Feuer oder dem Fluss übergeben.

Das Verbrennen von Krankheitsstoffen – auch von Wundwasser mit einem Wattebausch aufgenommen– war eine Handlung, die klar sagte:

„Hier endet der Weg dieser Kraft. Hier kehrt es nicht zurück."

Das Binden vor dem Verbrennen

Häufig wurde das, was gehen sollte, nicht einfach so ins Feuer geworfen. Es wurde **gebunden**.

- Ein Faden, dreimal um den Stoff gewickelt.
- Drei, sieben oder neun Knoten, gesetzt mit Worten.
- Ein Satz dazu:
-

„Ich binde den Schmerz, ich halte ihn fest,
ich löse ihn – und das Feuer wandelt ihn."

Dieses Binden ist ein kraftvoller Schritt. Denn es ist das bewusste Setzen:

- Ich erkenne das Problem.
- Ich fasse es in die Hand.
- Ich halte es, bis es gehen darf.

Erst das Binden schafft den Übergang zur Lösung. Ohne Bindung zerfranst die Kraft. Mit Bindung kann sie gezielt gelöst werden.

Der Faden als Werkzeug des Bannens

Der **rote Faden** war (und ist) nicht nur Schutzlinie. Er ist auch das Werkzeug, um zu binden, zu halten, zu bannen.

- **Drei Knoten** – für Schutz.
- **Sieben Knoten** – für die klare Wegweisung.
- **Neun Knoten** – für den Bann, für das vollständige Halten und Lösen.

Der Faden wurde dabei oft um das, was gebunden werden sollte, geschlungen: um ein Stück Stoff, um einen kleinen Holzspan, um ein mit Wundwasser benetztes Wattebällchen. Die Knoten wurden nicht stilllos gesetzt, sondern bewusst, oft mit Worten begleitet.

Manchmal sprach man beim Knotenbinden einen Spruch, manchmal hauchte man über den Knoten. Denn Atem trägt Kraft. Auch hier war es nie der Knoten allein, der wirkte, sondern das Zusammenspiel von Handlung, Wort und Absicht.

Der Moment des Verbrennens – das Loslassen im Feuer

Das Feuer war nicht nur Werkzeug, sondern Partner in diesem Vorgang. Es wurde nicht achtlos entzündet. Oft war es ein kleines, bewusst entfachtes Feuer – eine Kerzenflamme, ein Räucherfeuer, manchmal auch das Herdfeuer.

Das Gebundene wurde dem Feuer übergeben. Manchmal mit einem letzten Satz:

„Ich gebe es dem Feuer. Es wandelt, was gehen soll."

Das Verbrennen war nie Gewalt. Es war Verwandlung. Ein Akt der Achtung – nicht des Vernichtens, sondern des Lösens. Manchmal wurde die Asche danach dem Wasser übergeben oder in die Erde gestreut – als letzter Schritt, um die Bindung ganz aufzulösen.

Pusten, Spucken, Antworten – Die kleinen Gesten, die das Feld setzen

Was gebunden ist, bleibt – und was gepustet wird, das geht. Auch das Pusten und Spucken gehörte zu den alten Schutz- und Bannhandlungen, tief verbunden mit der Kraft des eigenen Atems und der Klarheit der Geste.

Pusten ist nicht nur Luft. Es ist Atem – das, was innen ist und außen wird. Der Atem trägt das Wort, die Absicht, die Bannkraft hinaus ins Feld.

Beim Besprechen von Wunden oder Krankheiten wurde häufig **dreimal gepustet**, begleitet von einem Spruch oder einem Satz wie:

„Ich puste es fort, ich binde es ab, es weicht."

Auch das **Spucken** hatte seinen Platz. Es galt als direkter, kraftvoller Akt, um das Böse, das Schwere, das Störende abzuweisen. In vielen Märchen heißt es, die Frauen hätten beim Verlassen des Hauses in die

Ecken gespuckt – damit das Haus nicht stumm bleibt, sondern etwas antwortet, wenn Gefahr anklopft.

Diese Spucke war nicht einfach Speichel. Sie war Trägerin der eigenen Kraft, des eigenen Feldes. Das Spucken war Antwort, war Schutzhandlung, war Setzung.

In manchen Kulturen spuckte man auch gezielt **dreimal über die linke Schulter**, um das Böse abzuwenden. Oder direkt auf den Boden vor sich, um Störendes zu bannen.

Gerade das einfache, fast beiläufige Spucken zeigt: Bann und Schutz müssen keine großen Zeremonien sein. Ein kurzer Atem, ein Spruch, ein Pusten, ein Spucken – und das Feld ist gesetzt.

Die Verbindung von Binden, Pusten, Spucken und Verbrennen

Alle diese Handlungen – das Binden, das Pusten, das Spucken, das Verbrennen – folgen einem einfachen, klaren Prinzip:

- **Etwas wird erkannt.**
- **Etwas wird benannt.**
- **Etwas wird gehalten.**
- **Etwas wird gelöst und entlassen.**

Ob über den Knoten, den Atem, das Feuer oder den Speichel: Immer ist es die Verbindung aus **Absicht, Handlung und Geste**, die das Feld ordnet.

Diese kleinen Handlungen tragen große Kraft.
Nicht weil sie laut sind. Sondern weil sie klar sind.

Sie   sagen:

„Ich   habe   es   gesehen.“

„Ich   habe   es   gesetzt.“

„Ich habe es gelöst.“

Und das Feld antwortet.

Vom Spüren der Orte

Plätze, Felder und ihr eigenes Wesen

Manche Orte fühlen sich leicht an. Offen. Freundlich. Andere drücken auf den Rücken, lassen einen nicht zur Ruhe kommen, wirken „schwer". Ohne dass jemand etwas sagt, ohne dass etwas sichtbar wäre, spürt man: Hier stimmt etwas nicht. Oder: Hier ist es gut.

Dieses feine Gespür für den Charakter eines Platzes hatten die Menschen früher ganz selbstverständlich. Sie wussten: Auch Orte haben ein eigenes Feld. Auch Orte tragen Erinnerungen. Auch Orte wollen geachtet werden.

Es war nicht Aberglaube, sondern Erfahrung. Wer ein Haus bauen wollte, schaute zuerst, **wie das Land atmet**. Wer einen Stall errichten wollte, fragte sich, ob der Platz dafür bereit war. Wer ein Kind zur Welt brachte, wählte den Ort, an dem das Leben willkommen war.

Das Wesen eines Ortes erkennen

Das Spüren eines Platzes ist keine Hexerei. Jeder Mensch hat dieses Gefühl in sich. Manchmal spricht es leise, manchmal laut:

- Ein Raum, in dem man nicht schlafen kann.
- Ein Platz, an dem Streit immer wieder aufflammt.

- Ein Haus, das sich „leer" anfühlt, obwohl es voller Menschen ist.
- Eine Ecke im Garten, an der die Pflanzen nicht recht wachsen wollen.

Die Alten hätten gesagt: *„Das Feld ist nicht geordnet."*

Oder: *„Hier bleibt etwas hängen."*

Ein Ort ist nicht einfach neutral. Er trägt, was an ihm geschieht. Freude, Leid, Streit, Krankheit, Heilung – alles hinterlässt Spuren. Und manchmal will ein Ort gereinigt werden, manchmal will er bestärkt werden, manchmal braucht er einfach Aufmerksamkeit.

Die Sprache der Plätze – worauf die Alten achteten

Früher schaute man genau hin:

- **Wie fließt das Wasser?**
- **Wo geht die Sonne auf und unter?**
- **Wo steht das Vieh gern, wo meidet es die Weide?**
- **Wie wachsen die Bäume? Schief, krumm, gesund, stark?**

Man achtete auf die Tiere, auf das Wetter, auf den Boden. Und auf die eigenen Träume: Nicht selten wurde an einem Platz erst gebaut, wenn der Bauer „ruhige Nächte" dort gehabt hatte.

Auch das Rutengehen, das Spüren von Wasseradern, Kraftlinien, Verwerfungen war Teil dieser

Kunst. Es ging nicht um Mystik, sondern um Wahrnehmung.

Die Alten wussten: *„Wo das Wasser unter dem Haus quert, da will der Schlaf nicht kommen."* Oder: *„Wo die Linie scharf schneidet, da bleibt der Streit."*

Der Platz als Verbündeter

Die Alten behandelten ihre Orte nicht als Besitz. Ein Platz war Verbündeter, nicht Objekt. Man sprach mit dem Land, bat um Erlaubnis, dankte für das, was genommen wurde.

Ein Baum, der gefällt wurde, bekam einen letzten Gruß. Ein Stein, der bewegt wurde, wurde mit Achtung behandelt. Auch das war Schutzkunst – nicht durch Abwehr, sondern durch Beziehung.

Wenn ein Stall gebaut wurde, band man oft **rote Fäden** an die Ecken, setzte ein Schutzzeichen über die Tür, segnete das Feld, sprach ein Wort:

„Steh gut, halt fest, bring Heil."

Wenn ein Ort gereinigt werden will

Manchmal trägt ein Ort zu viel von dem, was war. Zu viel Streit, zu viel Leid, zu viele schwere Geschichten. Dann reicht es nicht, das Haus zu fegen. Dann braucht auch das Feld selbst Klärung.

Die Alten räucherten nicht nur die Räume, sondern auch die Höfe, die Plätze, die Wege. Beifuß, Wacholder, Salbei, Harz. Sie wussten: Der Rauch geht auch dahin, wo das Auge nicht sieht.

Oft zog man beim Reinigen Kreise, Linien, Bannzeichen über die Plätze. Salz wurde gestreut, rote Fäden gebunden, Worte gesprochen:

- *„Ich kläre diesen Platz."*
- *„Was nicht zu ihm gehört, das geht."*
- *„Was wachsen will, sei gestärkt."*

Orte, die antworten

Manchmal merkt man es sofort: Ein Platz wird „heller". Die Luft wird freier. Der Garten beginnt, besser zu gedeihen. Die Kinder schlafen ruhiger. Der Streit ebbt ab.

Das Feld ist dann nicht „magisch" geklärt – es ist geordnet. Der Platz weiß wieder, was zu ihm gehört und was nicht.

Die Alten sagten: *„Der Platz antwortet."*

Auch heute: Hören, fühlen, handeln

Es braucht keine Rutengängerin, um zu spüren, ob ein Platz „schreit". Jeder Mensch trägt dieses Wissen in   sich. Manchmal reicht es, barfuß auf dem Boden zu stehen, die Augen zu schließen, zu atmen – und zu fragen: *„Was   braucht   dieser   Ort?"* *„Was   hält   er   fest?"* *„Was will gehen?"*

Das   Feld   hört.
Der Platz antwortet.

Wer diese Sprache wieder lernt, hat einen starken Verbündeten: das Land selbst.

Die Kunst des Spürens

Rutengehen, Erdkräfte, Geomantie

Nicht jeder Platz ist gleich. Und nicht jeder Boden trägt, was man ihm zumutet. Manche Orte schenken Ruhe, andere machen unruhig. Manche lassen wachsen, andere halten zurück. Es gibt Plätze, da schlafen die Kinder tief und gut – und andere, da wälzt man sich von einer Seite zur anderen.

Die Alten wussten das. Ohne Messgeräte, ohne Studien. Sie spürten es. Sie schauten, hörten, fühlten. Und sie fragten das Land selbst.

Das, was wir heute **„Rutengehen"** oder **„Geomantie"** nennen, war früher einfach Teil des Alltags. Ein Wissen, das man nicht lernen musste, sondern das man wieder erinnerte. Das Lauschen auf das Feld. Das Verstehen des Ortes. Das Erkennen der Linien, der Wasseradern, der Kräfte, die durch das Land ziehen.

Es war kein Hokuspokus. Es war Handwerk.

Rutengehen – Das Erspüren des Unterirdischen

Das Rutengehen ist wohl die bekannteste Form dieses alten Spürens. Mit einer Wünschelrute aus Haselnuss, Weide, Kupfer oder einfach zwei L-förmigen Metallstäben ging man das Land ab. Nicht, um „Zauberei" zu treiben, sondern um zu hören, was das Land sagt.

- Wo fließt Wasser?
- Wo kreuzen sich unterirdische Ströme?
- Wo liegen Verwerfungen im Boden?
- Wo schlägt das Feld? Wo bleibt es ruhig?

Die Rute war dabei kein „magisches Werkzeug", sondern nur eine Verlängerung der eigenen Wahrnehmung. Der Körper spürt, was das Feld bewegt. Die Rute zeigt es nur an.

Mancher spürt es auch ohne Rute. Als Kribbeln in den Händen. Als Ziehen im Rücken. Als Schwere oder Hitze. Die Alten sagten oft: *„Der Körper weiß es zuerst."*

Wasseradern, Verwerfungen und „gestörtes Feld"

Was die Rute findet, ist meist kein Geheimnis. Es sind **unterirdische Wasserläufe**, Schichtenverschiebungen, Brüche im Gestein. Orte, an denen die Energie nicht frei fließt, sondern gestört, gebrochen, verdichtet ist.

Besonders unter dem Schlafplatz oder am Arbeitsplatz können solche Störungen wirken:

- Unruhiger Schlaf
- Kopfschmerzen
- Nervosität
- Schwäche
- Streitlust im Raum

Früher stellte man das Bett **nie direkt über einer Wasserader**. Auch Ställe wurden nicht auf gestörtem Boden gebaut. Wer es doch tat, wunderte sich oft, warum das Vieh krank wurde oder das Heu verdarb.

Die Rute half, solche Zonen zu erkennen. Aber das eigentliche Werkzeug war das eigene Gespür.

Die Linien der Kraft – Leylines, Drachenlinien, Erdadern

In vielen alten Kulturen gibt es die Vorstellung von **Energielinien**, die die Erde durchziehen. In Europa spricht man oft von **Leylines**, anderswo von Drachenlinien, Erdadern, Lebensströmen.

Es sind **natürliche Linien der Kraft**, Verbindungen zwischen besonderen Orten: alten Kultplätzen, heiligen Hainen, Quellen, alten Bäumen, Steinkreisen, Kirchen.

Nicht zufällig stehen viele Kirchen, Kapellen und Wallfahrtsorte genau an solchen Punkten – auf den **Knotenpunkten dieser Linien**, dort, wo das Feld besonders durchlässig, stark oder heilend ist.

Die Geomantie beschäftigt sich mit diesen Linien:

- Wo laufen sie?
- Wo kreuzen sie sich?
- Wo kann man sie stärken, beruhigen, umleiten?
- Wie wirken sie auf Mensch, Tier, Pflanze?

Die Alten wussten oft instinktiv, wo diese Plätze lagen. Sie spürten es in der Luft, im Wasser, im Wuchs der Bäume. Ein Baum, der spiralig verdreht wächst, ist ein Hinweis. Ein Ort, an dem Nebel immer wieder stehen bleibt, ein weiterer.

Orte des Friedens – Plätze der Kraft

Manche Orte tun einfach gut. Dort fließt das Feld klar. Dort atmet das Land frei. Diese Plätze wurden in früheren Zeiten als Heilplätze, Versammlungsorte oder Kultstätten genutzt.

In vielen Dörfern gab es den „Tanzplatz", den „Gerichtsbaum", die „heilige Quelle". Solche Orte waren nicht zufällig gewählt. Sie wurden erspürt, erkannt, genutzt.

Genauso aber gab es auch Plätze, die man **mied**. Alte Schlachtfelder, Orte schwerer Geschichte, Kreuzungspunkte von Linien, an denen „etwas hängt". Auch das wussten die Menschen – sie umgingen solche Plätze nicht aus Aberglaube, sondern aus Erfahrung.

Die Kunst der Harmonie – Platzpflege, Linien lenken, Kräfte ordnen

Wenn ein Platz „krank" war, ließ man ihn nicht einfach so. Die Alten kannten Wege, das Feld wieder zu klären:

- **Steine setzen:** An Knotenpunkten, um das Feld zu ordnen.

- **Pflanzen pflanzen:** Besonders Eichen, Weiden, Holunder, Wacholder als „Hüter" des Platzes.

- **Rote Fäden spannen:** Um Linien zu lenken oder Grenzen zu setzen.

- **Räuchern und Reinigen:** Um Altes zu lösen, das Feld wieder atmen zu lassen.

- **Zeichen ziehen:** Spiralen, Wellenlinien, Zickzack – als Setzungen für Fluss, Abwehr oder Bindung.

Manchmal reicht es, einen Schlafplatz zu verschieben. Manchmal hilft ein Stein an der richtigen Stelle. Manchmal braucht es ein Zeichen über der Tür.

Immer aber braucht es das Hinhören.

Das eigene Gespür wecken

Jeder Mensch kann diese Kunst lernen. Denn sie ist keine Technik – sie ist eine Haltung. Eine Bereitschaft zu lauschen. Zu spüren. Zu vertrauen, was der eigene Körper sagt.

Beginnen kann man einfach:

- Barfuß auf dem Boden stehen.

- Augen schließen.

- Atmen.

- Fühlen: *Wie fließt der Ort? Wo zieht es hin? Wo staut es sich?*

Ein bisschen Mut gehört dazu. Und Geduld. Aber das Feld spricht immer. Und es freut sich, wenn jemand wieder zuhört.

So erspürst du dein Haus, deinen Garten, deinen Platz

Du brauchst keine Rute, keine Pendel, keine besonderen Werkzeuge, um das Feld deines Ortes zu spüren. Alles, was du brauchst, ist Aufmerksamkeit und ein bisschen Zeit.

Die   einfachste   Übung: Setz dich an den Ort, den du erspüren willst. Vielleicht an deinen Schlafplatz, in deinen Garten, an die Tür deines Hauses. Lass das Handy aus, schließe die Augen. Atme ruhig ein und aus. Stell dir vor, du fragst den Platz leise:

„Wie geht es dir? Was brauchst du? Was möchtest du mir sagen?"

Spüre, ob dein Körper irgendwo reagiert:

- Wird dir an einer Stelle plötzlich warm oder kalt?
- Kribbelt es in den Füßen, in den Händen?
- Ziehst du unbewusst die Schultern hoch oder atmest flacher?

All das sind Hinweise. Der Körper ist ein gutes Instrument. Er reagiert oft viel früher, als der Verstand es bemerkt.

Wenn du magst, geh den Raum ab, Schritt für Schritt, langsam. Bleib stehen, wo es sich verändert. Dreh dich dort einmal um die eigene Achse und spüre: Gibt es eine Richtung, die sich besser anfühlt? Oder eine, die drückt?

Im Garten kannst du das barfuß tun. Die Füße auf dem Boden erzählen dir viel. Wo der Boden dich trägt, fühlt es sich leicht an. Wo er zieht, stockt der Atem.

Manchmal reicht schon das Hinsetzen an einen bestimmten Platz, um zu merken: Hier atmet es freier. Oder: Hier lastet etwas.

Das ist kein „Können". Es ist Aufmerksamkeit. Jeder Mensch kann das.

Du kannst dich auch fragen:

- Wo schlafen die Katzen gern?
- Wo wachsen die Pflanzen üppig?
- Wo meidet das Vieh den Boden?
- Wo setzen sich die Vögel nicht?

Die Natur zeigt es uns immer.

Und wenn du feststellst, dass ein Platz schwer wirkt: Dann ist das keine Katastrophe. Es ist eine Einladung. Eine Gelegenheit, ihn zu klären, zu stärken, zu ordnen.

Ein bisschen Salz. Ein Räuchern. Ein Stein an der richtigen Stelle. Ein gesprochener Satz. Ein roter Faden am Tor. Es braucht nicht viel. Aber es braucht Bewusstsein.

Denn das Feld hört.

Werkzeuge zur Platzpflege – Pflanzen, Steine, Zeichen und Gesten, die das Feld klären und stärken

Nicht jeder Platz braucht das gleiche. Und nicht immer ist viel nötig. Oft reichen einfache Dinge – wenn sie bewusst gesetzt werden. Hier findest du eine kleine Sammlung aus dem alten Wissen darüber, was das Feld stärkt, schützt und klärt.

Pflanzen als Hüter und Helfer

- **Wacholder**
  Schutz, Reinigung, Abwehr von Schwerem.
  Besonders kraftvoll als Räucherwerk oder als Busch am Eingang gepflanzt.
  „Wacholder hält, was draußen bleiben soll."

- **Beifuß**
  Alte Schutz- und Räucherpflanze, klärt und stärkt das Feld, besonders an Schwellen und Übergängen.

- **Salbei**
  Reinigt das Feld, vertreibt Altes, macht Platz für Neues. Gut geeignet, um Räume nach Streit, Krankheit oder Trauer zu klären.

- **Holunder**
  Baum der Schwelle, Tor zwischen den Welten. Ein Holunderstrauch am Haus galt als

Schutz, unter ihm saßen die Ahnen. Niemals
ohne Gruß an ihm vorbeigehen.

- **Eiche**
  Standfestigkeit, Stärke, Schutz. Die Eiche als
  Baum der Kraft und Ruhe. Oft als „Hüter-
  baum" an besonderen Orten gepflanzt.

- **Rosen (besonders Wildrosen oder Hage-
  butte)**
  Schutz und Liebe. Die Dornen als natürliche
  Bannlinie, die Blüte als Herzöffner.

Steine und ihre Kraft im Feld

- **Granit**
  Stabilität, Festigkeit, Ordnung. Gut, um Plätze zu erden und zu stärken.

- **Quarz (Bergkristall)**
  Klärung, Ausrichtung, Licht. Besonders als
  Zentrum oder zur Harmonisierung von Li-
  nien geeignet.

- **Basalt**
  Ruhe, Erdung, Halt. Basalt hilft, schwere
  Energien zu beruhigen, trägt die Kraft des
  Feuers in sich.

- **Schiefer**
  Klärt alte Informationen, hilft beim Loslassen von Geschichte. Guter Stein, um Altes zu
  verabschieden.

Manchmal reicht schon ein einzelner Stein an der richtigen Stelle, um das Feld zu ordnen. Die Alten sagten: *„Der Stein weiß, wohin er gehört."*

Zeichen, Setzungen, Gesten

- **Roter Faden**
  Schutz, Grenze, Verbindung. Drei, sieben oder neun Knoten – je nach Absicht. Gebunden um das Grundstück, an die Tür, an den Stall, um Kinderbetten.

- **Spirale**
  Lässt die Kraft fließen, hält sie in Bewegung, ohne dass sie ausufert. Besonders gut für Plätze, die „erstarrt" wirken.

- **Zickzack / Wellenlinie**
  Abwehr, Bann gegen das, was querläuft, stört, drückt. Oft an Schwellen, über Fenster und Türen, auf Balken geritzt oder gemalt.

- **Quadrat / Sator-Quadrat**
  Bindet, hält, stabilisiert. Das Feld ordnet sich um die klare Form.

Kleine Rituale für das Feld

- **Salz streuen**
  Ein Ring aus Salz um ein Haus, ein Stallgebäude, ein Kinderbett. Schutzlinie, Klärung. Besonders wirksam an Neu- oder Vollmond.

- **Räuchern**
  Mit Beifuß, Wacholder, Harz, Salbei, Ros-

marin. Rauch trägt die Bitte, löst das Schwere, klärt den Raum.

- **Spruch oder Satz setzen**
  Nicht laut und viel, sondern klar und einfach.
  Zum Beispiel: *„Dieser Platz ist klar. Was zu ihm gehört, bleibt. Was nicht zu ihm gehört, geht."*
- **Spucken oder Pusten an die Schwelle**
  Dreimal spucken oder pusten, um das Fremde fernzuhalten. Eine Geste der Setzung, direkt und kraftvoll.
- **Stein oder Holzstab in die Erde setzen**
  Besonders an den vier Ecken eines Grundstücks oder an der „Schwachstelle" eines Platzes. Der Stein oder Stab trägt die Absicht und gibt dem Feld Halt.

Weitere alte Helfer – Dinge, die das Feld lenken

Manchmal braucht es keine großen Rituale, keine seltenen Steine oder besonderen Kräuter. Oft reichen die einfachsten Dinge – wenn sie richtig gesetzt werden.

- **Ein Kamm mit den Zacken in Richtung Strahlungsquelle gelegt**
  Alte Volksüberlieferungen berichten, dass ein Kamm, dessen Zacken auf eine störende oder schädliche Kraftquelle ausgerichtet werden, dabei helfen kann, die Ausstrahlung

abzuleiten und das Feld zu beruhigen. Früher wurde diese Methode genutzt, um ungute Strömungen, energetische Störungen oder das ‚Drücken' eines Platzes zu mildern. Heute wird diese alte Technik manchmal auch auf moderne Geräte und künstliche Felder übertragen – doch das Grundprinzip bleibt: Die Zacken leiten, lenken, brechen die Kraft.

- **Ein Hufeisen auf dem Boden in Nord-Süd-Richtung gelegt**

Hufeisen gelten seit jeher als kraftvolle Schutz- und Bannwerkzeuge. Nicht nur an der Tür als Glücksbringer, sondern auch als „Feldordner". Wird ein Hufeisen flach auf den Boden gelegt – mit den Enden nach Norden und Süden ausgerichtet –, so sagt man ihm nach, dass es **Wasseradern stoppen, drehen oder umlenken** kann. Das Eisen bindet, das Hufeisen formt einen geschlossenen Kreis, der die Kraft hält oder ableitet.

- **Metallstäbe oder alte Schlüssel als „Ableiter"**

Besonders alte Eisenschlüssel oder schlichte Metallstäbe wurden früher oft an Stellen gelegt, wo Kraftlinien sich kreuzen oder zu stark fließen. Sie leiten die Energie ab, geben ihr eine neue Richtung.

- **Scheren unter dem Bett**
  In manchen Gegenden legte man eine geschlossene oder leicht geöffnete Schere unter das Bett – mit den Spitzen zum Fußende oder zur Tür. Die Schere sollte Störungen schneiden, das Feld klären und unruhige Energien fernhalten.

Diese kleinen Helfer sind nie „Zauberwerkzeuge" gewesen, sondern Teil des Alltagswissens: einfache Mittel, um das Eigene zu schützen und das Feld zu ordnen.

Der Gedanke dahinter ist immer derselbe:

- Die Form leitet.
- Das Material trägt.
- Die Ausrichtung entscheidet.

Ein Kamm, ein Hufeisen, eine Schere – so schlicht es auch scheint, es ist die bewusste Setzung, die den Unterschied macht.

Weitere einfache Werkzeuge aus dem alten Schutz- und Platzwissen

- **Kupferdraht als Energielenker**
  Kupfer wurde immer schon als leitendes Metall geschätzt – nicht nur technisch, sondern auch energetisch. Ein einfacher **Kup-**

ferdraht, spiralförmig gelegt oder um einen Stein gewickelt, kann Störfelder umleiten, Erdkräfte harmonisieren. Besonders wirksam an den vier Ecken eines Hauses oder Gartens, wenn man kleine Kupferspiralen dort vergräbt.

- **Schlüsselbund oder einzelne alte Schlüssel an der Tür oder am Fenster**
  Der Schlüssel als Symbol des Öffnens und Schließens. Ein alter Schlüssel, sichtbar an einem Nagel über der Tür oder im Fensterrahmen, galt als Bann gegen das Ungebetene und als Schutz vor Fremdem. Der Schlüssel „verschließt" den Zugang für das, was nicht hereingehört.

- **Glasscherben oder Spiegelstückchen unter der Türschwelle**
  In manchen Gegenden vergrub man **kleine Spiegelscherben oder Glasstücke** unter der Schwelle oder unter den Ecksteinen eines Hauses. Der Gedanke: Spiegel werfen zurück, was nicht eingeladen ist. Besonders bei Fremdenergien, Neid oder dem sogenannten „bösen Blick".

- **Holzlöffel als Bannstab**
  Ein einfacher **Holzlöffel**, mit einer Spirale, einem Kreuz oder einer Zickzacklinie einge-

ritzt, wurde mancherorts als „Bannstab" genutzt. Er wurde an den Stall gehängt oder in
die Erde gesteckt, oft mit einem roten Faden
umwickelt. Besonders bekannt war dies in
bäuerlichen Gegenden als Schutz für das
Vieh.

- **Tonkrug oder Tonscherbe als Schwin-
  gungshalter**
  Ein Stück Ton – sei es ein kleiner Krug, eine
  Scherbe oder ein ganzes Gefäß – wurde verwendet, um das Feld zu beruhigen. Ton
  nimmt Schwingung auf, hält und erdet sie.
  Man stellte solche Krüge in die Ecken eines
  Hauses oder in den Garten, manchmal gefüllt
  mit Asche, Salz oder Wasser.

- **Federn als Kraftlenker**
  Federn, besonders von Raben, Krähen, Tau-
  ben oder Hühnern, wurden genutzt, um Wind
  und Geist zu bewegen. Sie fanden sich oft an
  Toren oder Fensterläden, festgebunden an
  einem Faden, um das „Feld leicht zu halten"
  und das Haus vor schwerer Energie zu bewahren.

- **Apfel oder Zwiebelscheiben unter dem
  Bett oder im Stall**
  Apfelhälften oder Zwiebelscheiben wurden
  als „Saugstücke" genutzt – sie sollten

Krankheit, Streit oder schwere Gedanken aufnehmen. Nach ein paar Tagen wurden sie verbrannt oder mit dem Wasser fortgespült. Besonders bekannt war dies zur Klärung nach Krankheit oder nach belastenden Besuchen.

Warum gerade diese einfachen Dinge?

Weil sie immer da waren. Weil niemand teures Räucherwerk oder magische Amulette brauchte, um das Eigene zu schützen. Weil das alte Wissen nie kompliziert war, sondern klug und aus der Nähe zum Leben geboren.

Es ist nicht das Material allein, das wirkt. Es ist die **Absicht, die Haltung, die bewusste Handlung**. Der Kamm, das Hufeisen, die Spirale auf dem Löffel – sie sind keine „Zauberobjekte". Sie sind Werkzeuge. Und sie wirken, wenn sie bewusst gesetzt werden.

Die Alten wussten: *„Ein einfacher Faden, gut geknüpft, schützt besser als das beste Schloss, wenn er aus dem rechten Herzen kommt."*

Wichtig dabei

Es ist nicht das Material allein, das wirkt. Es ist die **Haltung**, die Aufmerksamkeit, die Absicht. Wer achtlos Salz streut, macht nur den Boden salzig. Wer bewusst Salz streut, setzt eine Grenze im Feld.

So war es immer gedacht: Einfach. Klar. Ohne Theater. Mit Herz.

Warum das alte Wissen verstummte

und warum es jetzt wieder spricht

Es gibt altes Wissen, das kaum aufgeschrieben wurde. Weil es nicht aus Büchern kam, sondern aus Erfahrung. Aus Beobachtung. Aus dem Leben selbst. Ein Wissen, das nicht gelernt, sondern weitergegeben wurde – von Mutter zu Tochter, von Großvater zu Enkel, von Nachbarin zu Nachbar.

Dieses Wissen war da. Allgegenwärtig. In den kleinen Gesten, in den Worten, die man über das Brot sprach. Im roten Faden am Fenster. Im Salz, das man in die Ecken streute, wenn es Streit gegeben hatte. In der Hand, die den schmerzenden Rücken strich und dabei murmelte, was das Feld setzte.

Und doch – vieles davon ist verschwunden. Verstummt. Nicht vergessen, aber verdrängt. Verschüttet unter dem Lärm der neuen Zeit.

Das Wissen wich dem Glauben an Technik

Mit der Industrialisierung, mit der Verstädterung, mit dem Siegeszug der Technik begann die große Verdrängung der alten Wege. Die Maschinen sollten heilen, nicht mehr die Worte. Die Medikamente sollten richten, nicht mehr die Hand am Leib, die Rute am Boden, der Rauch im Haus.

Es war eine Zeit, in der man glaubte, alles müsse messbar sein, sonst sei es nichts wert. Was man nicht zählen konnte, wurde verlacht. Was man nicht beweisen konnte, wurde „Aberglaube" genannt.

Die alten Zeichen an den Türen, die kleinen Rituale, das Binden, das Besprechen, das Räuchern – all das passte nicht mehr in die Welt der Fabriken, der Kliniken, der Apparate.

Und so verstummte das Wissen.

Die Kirche – von Schutz zur Kontrolle

Nicht überall, aber an vielen Orten, war es auch die Kirche, die dieses Wissen verdrängte. Nicht weil es „böse" war, sondern weil es Kraft gab. Wer selbst binden konnte, wer selbst schützen konnte, wer das Feld um sich ordnen konnte, brauchte keinen Mittler. Brauchte keine Erlaubnis von außen.

Das passte nicht ins System der Kontrolle.

Was früher Heilerin hieß, wurde zur Hexe gemacht. Was Besprecher war, wurde zur Gefahr erklärt. Was Bannzeichen waren, nannte man Teufelswerk. Viele uralte Schutzhandlungen verschwanden aus Angst vor Strafe, vor Ausgrenzung, vor Verbrennung.

Doch das Wissen selbst starb nicht. Es versteckte sich.

Das Verstummen der mündlichen Weitergabe

Das alte Wissen war nie schriftlich. Es lebte von Mund zu Ohr. Vom Zuschauen, vom Mitmachen, vom Vertrauen. Von der Hand, die zeigte, wie der Faden geknotet wird. Von der Stimme, die lehrte, wann der richtige Moment ist, um den Bann zu sprechen. Von der Großmutter, die wusste, wann das Salz gestreut werden muss.

Als die Familien auseinanderfielen, als die Alten nicht mehr bei den Jungen wohnten, als das Leben sich von den Höfen in die Städte verlagerte, da riss auch dieser Faden ab.

Niemand fragte mehr. Niemand hörte mehr zu.

Die, die es noch wussten, starben oft, ohne dass jemand es hören wollte.

Wissen, das leise wartete

Aber das Wissen ging nicht verloren. Es schlief. Es zog sich zurück, in die Ritzen, in die Geschichten, in die Märchen, in die Gesten, die scheinbar ohne Sinn weitergegeben wurden.

Es wartete.

Denn Wissen, das aus dem Leben selbst kommt, lässt sich nicht ausrotten. Es gehört zum Menschen, so wie der Atem, so wie das Feld. Es bleibt, bis jemand wieder zuhört.

Warum es jetzt wieder spricht

Heute, in einer Zeit, die so laut ist, so voll, so rastlos, beginnt dieses alte Wissen wieder zu klingen. Weil viele spüren, dass ihnen etwas fehlt. Weil die Technik das Herz nicht ersetzt. Weil die Maschinen das Feld nicht kennen. Weil die Rezepte ohne Kraft bleiben, wenn die Geste fehlt.

Die Sehnsucht wächst. Nach Einfachheit. Nach dem Echten. Nach dem, was wirkt, weil es aus dem Leben selbst kommt.

Immer mehr Menschen erinnern sich. Oder suchen. Sie fragen wieder:

- Wie kann ich mein Haus schützen?
- Wie kann ich mein Feld ordnen?
- Wie kann ich heilen, was verletzt ist?

Und sie stoßen dabei auf die alten Wege. Auf das Binden, das Besprechen, das Räuchern, das Ziehen von Zeichen, das Sprechen von Worten, das Streuen von Salz. Auf das, was ihre Urgroßeltern vielleicht noch getan haben, still, im Alltag, ohne großes Aufheben.

Dieses Buch ist Teil dieser Rückkehr. Nicht als Anleitung zum Kopieren. Sondern als Einladung, sich wieder zu erinnern. Nicht alles zu übernehmen, sondern das Wesentliche zu verstehen.

Schutz ist keine Frage der Zeit. Bann ist keine Mode. Heilung ist kein Trick.

Das   Feld   hört.
Und   das   Wissen   spricht.
Wenn jemand bereit ist, wieder zu lauschen.

Einfache Dinge, klare Wege

Schutz und Kraft im Alltag

Es braucht nicht viel. Kein großes Ritual, kein schweres Gerät, keine seltenen Zutaten. Schutz ist kein Geheimwissen. Heilung ist kein Zaubertrick. Bann ist keine Frage von Macht – sondern von Aufmerksamkeit, von Klarheit, von Beziehung.

Die Alten wussten: *„Was wirkt, ist das, was gesetzt wird. Was bleibt, ist das, was gemeint ist."*

Ein roter Faden.
Ein Stück Salz in der Ecke.
Ein Wort, leise gesprochen.
Ein Knoten, mit Absicht gebunden.
Ein Hauch, der über die Wunde geht.
Ein Spiegel, der wachen darf.
Ein Strich am Türbalken, einfach, klar, gesetzt.

Es sind die einfachen Dinge, die wirken. Und genau darum werden sie oft übersehen. Weil sie leise sind. Weil sie keinen Lärm machen. Weil sie nichts verkaufen wollen.

Doch das Feld hört. Und es antwortet.

Schutz beginnt mit Aufmerksamkeit

Die Alten machten kein großes Aufhebens um ihre Schutzhandlungen. Sie räucherten, wenn es nötig war.

Sie banden einen Faden, wenn sie es für richtig hielten. Sie sprachen ein Wort, wenn es gebraucht wurde.

Nicht, weil sie „rituelle Spezialisten" sein wollten. Sondern weil sie es spürten.

Sie wussten:

- Schutz beginnt da, wo ich achte, was zu mir gehört und was nicht.
- Schutz heißt, dem Raum zu sagen, was er will – und was er nicht duldet.
- Schutz heißt, Grenzen zu setzen. Klare, freundliche, wirksame.

Bann ist kein Angriff

Bann ist kein Kampf. Bann ist Ordnung. Bann ist das klare Setzen von „Hier ist Schluss". Nicht aus Angst, sondern aus Würde.

Ein Bannzeichen sagt nicht: „Ich fürchte mich." Es sagt: „Ich habe entschieden."

Ein Salzring um das Bett ist keine Schwäche. Es ist Aufmerksamkeit. Ein Strich vor der Tür ist kein Aberglaube. Es ist eine Ansage.

Das, was bleibt, ist das, was gesetzt wird.

Heilung ist Beziehung

Auch das Besprechen, das Pusten, das Binden ist kein Hokuspokus. Es ist Beziehung. Es ist das Anerkennen des Gegenübers. Das Anerkennen des Feldes. Das Wissen darum, dass alles verbunden ist – Wort, Geste, Atem, Material.

Heilung heißt, das Feld zu ordnen. Das, was krank macht, zu lösen. Dem Schmerz zu sagen: „Hier bleibst du nicht." Der Angst zu sagen: „Dein Platz ist nicht hier."

Heilung ist Zuwendung. Kein Theater. Keine Machtspielerei. Sondern Hinwendung.

Die Kraft der Wiederholung

Einmal sagen ist Bitte. Dreimal sagen ist Setzung. Siebenmal sagen ist Bindung. Neunmal sagen ist Bann.

Die Zahl ordnet das Tun. Der Rhythmus verankert es. Das Wiederholen setzt das, was wirkt.

Die Alten wussten das. Sie taten es, ohne großes Aufheben. Einfach, klar, wirksam.

Es braucht keine Erlaubnis

Das alte Wissen war nie exklusiv. Es gehörte den Menschen. Jeder konnte es lernen, jeder konnte es tun.

Man brauchte keine Initiation, keinen Meister, kein Diplom. Man brauchte offene Augen, ein waches Herz, eine klare Hand.

Und den Mut, wieder zu hören. Das Feld zu fragen. Und zu setzen, was gesetzt werden muss.

Die Einladung

Dieses Buch ist keine Sammlung von Formeln. Keine Anleitung zum „richtigen" Tun. Es ist eine Erinnerung.

Eine Erinnerung daran, dass das Wissen noch da ist.

Dass es immer da war.

Dass es wartet.

Eine Einladung, sich wieder zu verbinden:

Mit dem Feld.

Mit dem eigenen Platz.

Mit dem eigenen Atem.

Mit den einfachen Dingen.

Und zu sagen:

„Ich habe es gesehen. Ich habe es gesetzt. Ich habe es gelöst."

Denn das Feld hört.

Und es antwortet.

Anhang: Die Helfer

Pflanzen, Materialien, Zeichen und Werkzeuge für Schutz, Bann und Heilung

Nicht alles braucht großes Wissen. Aber es braucht Achtung. Hier findest du die alten Helfer, wie sie genutzt wurden – schlicht, wirksam, aus dem Alltag geboren. Es ist kein Rezeptbuch, sondern ein Erinnerungsfaden.

Pflanzen und Kräuter – Die grünen Verbündeten

Beifuß

Die „Mutter aller Kräuter". Reinigt, klärt, schützt. Besonders gut zum Räuchern an Schwellen, bei Übergängen, nach Krankheit oder Streit. Beifuß hilft, das Feld zu lüften und schwere Energien zu vertreiben.

Wacholder

Kraftvoller Bann und Schutz. Reinigt, stärkt, hält das Fremde fern. Wacholderzweige über der Tür oder am Stall, Wacholderbeeren im Räucherwerk. Besonders wirksam gegen das, was „anklebt".

Salbei

Klärt, reinigt, bringt Ordnung. Salbei vertreibt Altes, macht Platz für Neues. Gerne als Rauch, aber auch als Bündel aufgehängt oder in Wasser aufgekocht.

Rosmarin

Stärkt das eigene Feld, bringt Klarheit und Schutz. Besonders geeignet zum Räuchern oder als Strauß an der Tür.

Holunder

Baum der Schwelle, des Übergangs, des Schutzes. Unter ihm wohnen die Ahnen, das „Kleine Volk". Niemals ohne Gruß schneiden! Holunder galt als Schutzbaum am Haus, an den Ställen, an den Feldern.

Eiche

Symbol für Stärke, Standfestigkeit, Halt. Die Eiche wurde gepflanzt, um Orte zu schützen und zu stärken. Eichenrinde wurde auch für Schutzwasser genutzt.

Brennnessel

Wehrhaft, klärend, schützend. Brennnessel wurde oft in Wasser ausgezogen und dieses Wasser an den Stallwänden entlanggegossen oder zur Reinigung von Räumen genutzt.

Lavendel

Beruhigend, schützend, klärend. Besonders gut gegen schwere Gedanken und zur Stärkung des Schlafplatzes. Lavendelkissen unter dem Kopfkissen oder Sträußchen an der Tür.

Materialien und einfache Dinge – Kraft aus dem Alltagsgut

Salz

Das Schutzmittel schlechthin. Klärt, bindet, setzt Grenzen. Ein Ring aus Salz um das Haus, das Bett, den

Stall. Eine Prise Salz vor die Tür. Auch in Wasser gelöst zum Reinigen und Klären von Räumen.

Kupferdraht

Leitend, klärend, ordnend. Kupfer wird als Spirale oder Ring gelegt, um Energie zu lenken und zu harmonisieren. Oft an den Ecken eines Grundstücks vergraben.

Hufeisen

Schutz, Ordnung, Bann. Früher nicht nur als „Glücksbringer", sondern auch zur Ableitung von Wasseradern oder gestörten Linien genutzt. Flach auf den Boden gelegt, Enden nach Nord-Süd ausgerichtet.

Kamm

Mit den Zacken in Richtung störender Strömungen gelegt, um die Ausstrahlung zu brechen oder umzulenken. Früher genutzt für energetische Strömungen, heute manchmal auch auf moderne Geräte übertragen.

Glasscherben oder Spiegelstückchen

Zurückwerfend, klärend, schützend. Kleine Spiegelscherben unter der Türschwelle oder an den Ecken des Hauses vergraben. Spiegel reflektieren das, was nicht bleiben soll.

Schlüssel / Schlüsselbund

Symbol für Öffnen und Schließen. Alte Schlüssel über der Tür aufgehängt, als Schutz gegen ungebetene Kräfte oder zur Klärung des Übergangs.

Tonkrüge, **Tonscherben**

Tragen und halten Schwingung. Ton nimmt auf, erdet, beruhigt. Oft an Schwachstellen eines Platzes vergraben, manchmal mit Asche, Salz oder Wasser gefüllt.

Federn

Bewegung, Leichtigkeit, Schutz. Besonders von Rabe, Krähe, Taube, Huhn. Federn an Fenstern oder Türen angebracht, um das Feld leicht und durchlässig zu halten.

Roter **Faden** / **Garn**

Verbindung, Schutz, Bann. Drei, sieben oder neun Knoten – je nach Absicht. Um Fenster, Türen, Grundstücke gebunden, oft auch um Spiegel, um Kinderbetten, um das Vieh.

Zeichen und Formen – Setzungen im Feld

Kreis

Hält, schützt, grenzt ein. Ein Ring aus Salz, ein Kreis aus Rauch, ein gezeichneter Kreis am Boden.

Quadrat / **Sator-Quadrat**

Bindet, stabilisiert, setzt Ordnung. Besonders zum Binden von Kräften, zur Festsetzung von Grenzen im Feld.

Kreuz

Halt, Schutz, Bann. Gekreuzte Linien setzen ein klares „Stopp" ins Feld. Oft über Türen, an Schwellen, an Fensterläden geritzt oder gemalt.

Spirale

Lässt fließen, bringt Bewegung, hält den Weg offen. Besonders an Plätzen, wo das Feld „erstarrt" ist.

Wellenlinie / Zickzack / Zackenlinie

Schützt vor Querströmungen, lenkt Störendes ab. Oft über Türen oder an Schwellen eingesetzt, manchmal auch in Schnitzereien an Möbeln oder Balken.

Stern / Pentagramm (nicht „okkult", sondern Schutzzeichen)

Verbindung von Bewegung und Ordnung, Schutz, Bann, Einladung an das Licht.

Gesten und Handlungen – die kleinen Werke

Pusten / Hauch

Der eigene Atem als Träger der Absicht. Drei Mal pusten über eine Wunde, über ein krankes Tier, über das Bett eines Kindes.

Spucken

Besonders an der Schwelle, drei Mal spucken, um das Fremde abzuweisen, das Feld zu klären. Früher oft vor dem Verlassen des Hauses, als Antwort an das, was kommen könnte.

Knoten binden

Drei, sieben oder neun Knoten – für Schutz, Wegweisung, Bann. Der Knoten hält, was gehalten werden muss, und löst, was gelöst werden soll.

Steine setzen

An den vier Ecken des Hauses oder Grundstücks, um

Halt und Ordnung zu schaffen. Besonders geeignet: Granit, Basalt, Quarz.

Räuchern

Mit Beifuß, Wacholder, Salbei, Harz, Rosmarin. Räuchern klärt das Feld, löst Altes, stärkt das Eigene. Besonders wirksam an Übergängen, bei Neuanfängen, nach Krankheit oder Streit.

Wann und wie? – Der rechte Moment

Neumond

Für Neubeginn, Klärung, Reinigung, Loslassen.

Vollmond

Für Schutz, Stärkung, Bann, Segnung.

Abnehmender   **Mond**

Um Krankheit, Störendes, Belastendes zu lösen und zu vertreiben.

Zunehmender   **Mond**

Um Kraft aufzubauen, Schutz zu setzen, Verbindungen zu stärken.

Nachwort

Dieses Buch ist kein Lehrbuch. Es ist eine Erinnerung.

Eine Erinnerung an das, was unsere Vorfahren wussten – ohne große Worte, ohne Ausbildung, ohne es „Magie" zu nennen. Es ist das Wissen um die Kraft der einfachen Dinge. Um das Wirken von Wort, Geste, Zeichen, Atem. Um das Setzen von Grenzen, um das Halten des Eigenen, um das Lösen des Fremden.

Vieles von dem, was hier steht, wurde nicht aufgeschrieben, weil es lebte. Weil es gesprochen wurde, gezeigt, getan. Weil es Teil des Alltags war – selbstverständlich, leise, wirksam.

Dieses Wissen hat keine Patentinhaber. Es gehört keinem. Es stand nie in den großen Büchern der Gelehrten. Es floss von Hand zu Hand, von Herz zu Herz, über das Feuer hinweg, an den Herden, in den Ställen, an den Wiegen und an den Gräbern.

Was mich beim Schreiben begleitet hat, war vor allem diese Frage: Warum ist dieses Wissen verloren gegangen? Und warum kehrt es jetzt zurück?

Vielleicht, weil es nie wirklich weg war. Vielleicht, weil es in uns allen noch ruht. Vielleicht, weil die Zeit wieder reif ist, das Einfache zu ehren. Nicht als Romantik, nicht als „alte Zeiten" – sondern als das, was es ist: kraftvolles Tun aus Achtung vor dem Leben.

Dieses Buch will nicht dazu aufrufen, alles zu kopieren. Es will ermutigen, das Eigene zu finden. Das, was sich für dich richtig anfühlt. Das, was dein Feld stärkt, deine Räume ordnet, deine Wege schützt.

Und es will erinnern: An die Kraft eines Knotens. An die Klarheit eines Striches. An die Wahrheit eines gesprochenen Wortes. An das Wissen, dass nicht alles laut sein muss, um zu wirken.

Die Alten taten es, weil sie es wussten. Wir tun es, weil wir es wieder erinnern.

In diesem Sinne: Möge das, was zu dir gehört, bei dir bleiben. Möge das, was nicht zu dir gehört, gehen. Möge dein Feld klar sein. Und möge dein Weg frei sein.

Mara von Eichen

Danksagung

Text der Danksagung